细节

THE SMALL BIG

如何轻松影响他人

[美] 罗伯特·西奥迪尼　史蒂夫·马丁　诺厄·戈尔茨坦◎著　苏西◎译
Robert Cialdini　Steve Martin　Noah Goldstein

中信出版集团·CHINACITICPRESS·北京

图书在版编目（CIP）数据

细节：如何轻松影响他人 / (美) 史蒂夫·马丁,
(美) 诺厄·戈尔茨坦, (美) 罗伯特·西奥迪尼著；苏
西译. -- 北京：中信出版社, 2016.11 (2025.1重印)
书名原文: The Small Big: Small Changes That
Spark Big Influence
ISBN 978-7-5086-6873-4

Ⅰ.①细… Ⅱ.①史… ②诺… ③罗… ④苏… Ⅲ.
①企业管理－通俗读物 Ⅳ.①F272-49

中国版本图书馆CIP数据核字(2016)第246424号

细节：如何轻松影响他人

著　者：[美] 史蒂夫·马丁　[美] 诺厄·戈尔茨坦　[美] 罗伯特·西奥迪尼
译　者：苏　西
策划推广：中信出版社（China CITIC Press）
出版发行：中信出版集团股份有限公司
（北京市朝阳区东三环北路27号嘉铭中心　邮编　100020）
（CITIC Publishing Group）
承印者：北京通州皇家印刷厂

开　本：880mm×1230mm　1/32　　印　张：10.5　　字　数：128千字
版　次：2016年11月第1版　　印　次：2025年1月第41次印刷
京权图字：01-2014-6107
书　号：ISBN 978-7-5086-6873-4
定　价：48.00元

献给林赛

献给詹妮莎和我的父母，阿黛尔和伯尼·戈尔茨坦

献给本书的幕后英雄波贝蒂，也献给海莉、道森和莉亚，

衷心希望他们长大后能喜欢这本书

CONTENTS 目录

CHAPTER

CHAPTER

CHAPTER

CHAPTER

CHAPTER

PREFACE 引言

“小甜甜”布兰妮（Britney Spears）由于缺席出庭而登上了新闻头条。演员杰拉尔德·德帕迪约（Gerard Depardieu）和林赛·罗韩（Lindsay Lohan）也干过类似的事。但是，明星们爽约不露面的行为并不局限于出庭（更准确地说，是缺席出庭）。有些明星甚至会放粉丝们的鸽子。英国的绿洲乐队（Oasis）就背上了不大靠谱的名声，因为演出时他们有可能会不出场；美国的乡村和西部音乐歌手乔治·琼斯（George Jones）缺席自己演唱会的次数是如此之多，以至于多年以来，歌迷们都管他叫“爽约琼斯”。

与这些动辄能上头条新闻的名人不同的是，日常生活中的爽约事件不会得到太多关注。在餐厅订了位子的食客没能如约而至；某位公民没有出现在陪审席上；公务繁忙的高级经理人不记得还有个会要开；某人忘记了跟朋友在咖啡馆约会；病人约好了医生，却没有露面。

单个看来，这些爽约事件好似成本不大。但是，每年都

P R E F A C E

有成千上万的预约落空：商务会议、美发预约、餐厅订位、产品推介会、学生补习。宏观来看，这些小小的缺席事件会对经济造成巨大影响。

就拿病人爽约的例子来说吧。乍一看，这算不得大事。你很容易就能想象出，忙得团团转的医生大概会想，病人没来反而是个难得的好机会，他可以趁机做点儿文书工作，打几个电话，或是稍微歇一会儿。可是，如果类似的爽约变成了常事，诊所的效率就会变得低下，收入也会降低，投入的成本也收不回来。这些效应逐渐累积起来的话，损失将会非常巨大。在英国，病人爽约事件给国民保健系统（National Health Service）造成的损失大约是每年8亿英镑；在美国，一些研究医疗问题的经济学家们估算，病人爽约大概导致了几十亿美元的损失。

在餐饮行业，如果客人们订了位子却不出现，餐馆的收入和利润都会受损，如果没能控制住爽约顾客的人数，关门都有可能。

其他行业也是一样。如果一个重要的决策人物没能出席，或是接到了邀请函的潜在客户没有参加产品推介会、贸易展或行业会议，这些成本高昂的会议就得延期重开。

引言

那么，我们能做些什么？

其实，想要说服人们如约前来，或是说得更加宽泛一点儿，让他们说话算数，只需对影响策略做一些小小的改变，就可以获得巨大的成效。我们近期在医护中心所做的调研表明，两个很小的做法改变就可以显著降低爽约的病人人数。这两个改变做起来几乎不花什么成本，可它们对财务数据的影响却是巨大的，能够帮助医护中心每年节省上千万美元的费用。

我们会在后面的章节中介绍这两个小小的改变（如果你急切地想要了解具体内容，请看第八章），但了解下面这一点非常重要：在影响他人的过程中，你会遇到诸多挑战，说服某人按时赴约不过是其中的一个。我们想要说服别人去做的事情可谓成百上千，而且情形和背景都各不相同。

先不说我们想要影响的对象是谁，我们将要在这本书中不断强调的是一条非常简单的道理：**当你打算影响他人行为的时候，最微小的做法改变，往往能取得最显著的成效。**

这本书讲的是如何用高效又符合伦理的方法来影响和说服他人。书中讲到了许多看似微小却十分关键的做法能够改变现状（有50多

P R E F A C E

条），并且你马上就能拿来使用。重要的是，在后面的章节中，我们不会凭借预感或猜测来判断哪些改变可能会带来显著的反应与变化。相反，我们要用实实在在的证据——它们来自说服科学（persuasion science）的大量研究成果——来准确地告诉你，哪些微小的改变能够带来巨大的成效，而且在相当广泛的情形下都适用。

30多年前，本书作者之一罗伯特·西奥迪尼出版了《影响力》（*Influence: The Psychology of Persuasion*）一书。他亲自进行了为期三年的广泛而深入的实地研究，并综合了当时的科研实证，在那本书中提出了6条普遍适用的说服原理。自那时起，研究者们确证了这6条原理的功效，各行各业的人们也开始把它们付诸实践。这些原理是：互惠（人们感到有义务偿还别人给予的恩惠）、权威（人们希望专家指点迷津）、稀缺（某样东西越稀少，人们就越想要）、喜好（人们越喜欢某个人，就越容易答应他的请求）、保持一致（人们希望做出跟自己的承诺和价值观相符的行为，并始终如一）、社会认同（人们会参照他人的做法来指导自己的行为）。

在我们后续推出的作品《如何让人点头称是：50个说服他人的科学方法》（*Yes! 50 Scientifically Proven Ways to Be Persuasive*）中，我们对

引言

这些原理（以及不计其数的、从说服科学中总结出的其他影响策略）的运用方法提出了最新的具体建议。

但科学的发展从不止步。

过去几年间，越来越多来自神经科学、认知心理学、社会心理学和行为经济学等领域的研究成果都在帮助人们更加深入地理解以下问题：为什么影响力和说服力能够见效，为什么受众的行为会发生改变。在这本新书中，我们将会分析50多条崭新的发现，其中绝大多数都来自过去这几年间的研究成果。

我们刻意把这些发现写成简短的章节，平均起来，读完每章的时间大约不会超过10分钟。这一小段时间足够你理解其中的心理学机制——这些都是我们和许多学者通过科学研究证实的。接下来，我们立即就会教你如何在各式各样的场合运用这些策略。比如在商务和工作场所，你需要跟同事和客户打交道的时候；或者是在家跟朋友和邻居相处时，以及许许多多你可能会遇到的沟通场景。我们也会探讨在许多常见的情境中该如何使用这些方法，比如面谈、小组会议、打电话、写电子邮件及利用网络或社交媒体交流的时候。

除了从说服科学的最新研究结果中选取素材之外，本书还有另一个新颖之处：我们关注的是“小改变、大影响”这个主题。有史以来第一次，我们将要探讨如何借助那些最微小、却能产生巨大成效的行为改变，来影响和说服他人（以完全符合伦理道德的方式）。

我们把这类改变叫作“四两拨千斤”的影响策略。

我们认为，之所以要重点关注这些已被科学证实的、微小却效果显著的策略改变，是因为人们惯于使用的说服手法正在渐渐地失去效用。

绝大多数人都认为，在做决策时，他们会把手上所有的信息都考虑到，然后做出有理有据的明智决定，找出最正确的做法。所以，他们很自然地觉得别人肯定也是这样做的，所以说服他人的最佳方法必定是，把一切能得到的信息都提供给对方，同时告诉他们为什么应该关注这些信息。

比如，一位医生诊断出病人患有一种长期疾病，病情虽然严重，但可以治愈。那么这位医生可能会先把病因和相关知识告诉病人，再说说她对康复情况的预估，然后提出一系列治疗步骤，比如饮食上该做出哪些调整、要按时依照剂量服药等等。又比如，一家公司有越来越多的员工用公司电脑下载未经授权的软件，IT部门的主任为此很生气，于是就给大家发了一封邮件，长篇大论地解释为什么这样做违反了公司的规定，以及这样做的潜在后果。

想要借助摆事实、讲道理的方式说服别人的，绝不仅仅是这些医生和IT部门主任。我们都会这样做。你想说服新客户相信你的产品就是比竞争对手的好，所以你的要价才贵出百分之二十是吧？那就摆出一大堆论据来支持你的观点。想要让团队中的其他成员相信你这个最新的变革计划跟前面十几次的完全不同？那就列举一长串理由，告诉他们这次人人都能从变革中获益。想要劝说客户在你们公司的股票投资计划书上签字？那就带着他们对你们以往的投资成绩做一番详尽又专业的梳理，而且一定要把最出色的成果指出来。想让孩子们按时做完作业并上床睡觉？那就告诉他们，研究显示，认真做作业的孩子更有机会考上一流大学，或许还可以再跟他们讲讲，科研结果表明睡眠对人有一大堆好处。

可是，为什么摆事实、讲道理的说服方式总是失败？说服科学的最新研究成果揭示出了一个常常被人们忽视的答案。

简言之，让人们做出决定的并不是信息本身，而是这些信息呈现的背景或情境。我们生活的这个时代，是有史以来信息超量最严重、

PREFACE

各种刺激最为饱和的时期。在匆忙的生活中，时间总是不够用，各种事情都在争相抢占注意力，人们实在没有精力去充分地思考每一条信息。信息出现的背景和心理情境渐渐变成了决定影响力是否见效的核心要素。因此，如果你希望大幅提升影响力和说服力，你不仅可以通过摆事实、讲道理（或教育他们）的方法来促使他们改变行为，也可以对常用的影响策略做一些简单的、小小的调整，把你要说的信息跟对方内心深处的动机关联起来。在**"如何传达信息"**这个问题上，对措辞、时机、背景或情境设定做一些小小的调整，就能戏剧性地改变对方**"认同信息并依言行动"**的程度。

身为研究"影响与说服"的理论与实践的行为科学家，我们常常感到惊异有加：只需对要传达的信息做一点儿非常不起眼的改变，竟然就能带来那么显著的成效，而且，这些改变所需的时间、精力或金钱又是那么的少。在整本书中，我们会详尽地指出你应该做出哪些细微的改变，并如何有策略且符合伦理地运用它们，好让你不必诉诸成本高昂的方法（奖励、折扣、返现、惩罚等等）或动用宝贵的时间和资源，就能**大幅度**地提高你影响他人的能力。

我们还会分析许多谜题，并提出一连串问题，如果对说服科学有了更深入的了解，就能回答这些提问。例如：

- 对一封电子邮件做出哪些小小的改变，就能降低谈判的难度？
- 在“小改变、大影响”的问题上，飓风、0.99 结尾的定价和冰酸奶能够给你带来什么启示？
- 哪些小小的调整能让会议变得更富成效？
- 在言语上做出哪些微小的、完全不花成本的改变，就能激励他人（也包括你自己）完成目标？比如完成销售目标、成功瘦身、培养一项新爱好，或是让孩子们乖乖做完作业。

在当今这个步调飞快、信息量丰富的世界上，按几个键或是滚动屏幕就可以立即获得最新的信息，因此人们很容易忽视这些微小改变的重要性，但这样可就错了。

虽然新科技和唾手可得的信息带给我们许多好处，这是毫无疑问的，但是我们用来处理信息的认知“硬件”却几百年来基本不曾变过。讽刺的是，虽然可以用来帮我们做出更明智决定的信息日渐增多，可在做决策的时候，我们越来越不可能把它们全都用上。当今的人类就跟生活在数百年、数千年前的老祖宗们差不了多少——沟通的

PREFACE

情境只要发生一点儿小小的变化，人们就很容易受到影响。

说到以符合伦理而且高效的方法来影响和说服别人，微小的改变往往有四两拨千斤的效果。在后文你就会看到，在说服别人时，只需对影响策略进行一些小小的、有科学根据的调整，收效将会非常显著。

所以，就让我们一起踏上这趟旅程，去探索说服科学这个崭新的领域吧。第一站我们要去看看，对缴税通知的措辞做出哪些小小的调整，就能说服成千上万的市民行动起来，补缴拖欠的税款，让相关的政府部门获得亿万英镑的收入。然后，咱们一起来想想这对你的说服能力意味着什么。

史蒂夫·马丁

诺厄·戈尔茨坦

罗伯特·西奥迪尼

CHAPTER

01

向“大众”借力

和其他国家的收税员一样，英国税务海关总署的工作人员遇到了棘手的问题：有太多国民没有按时提交纳税申报单并缴纳税款。

多年来，该署官员已经针对迟交税款的民众拟出了各种各样的通知信函，尝试了许多沟通手段。这些做法中的绝大多数都在强调，如果不按时提交表格和缴税会遇到什么样的后果：利息费用、滞纳罚金以及吃官司。对有些人来说，这些传统方法是管用的，但对更多人来说，它们不起什么作用。因此，在2009年年初，在向我们公司（INFLUENCE AT WORK）咨询过后，英国税务海关总署决定换一个符合说服科学的方法。他们需要做的只是一个小小的改动：在标准版本的缴税通知函里添上一句话。

这个小改动之所以引人瞩目，不仅因为它非常简单，更是因为收效极为显著。根据试点研究，迟交的税款总额大约有6.5亿英镑，使用新通知函之后，征收上来的税款达到了5.6亿英镑，清缴率达到了86%。为了帮助大家更清楚地理解这组数据，我们来做个对比：使用新通知函的前一年，英国税务海关总署估算的迟交税额大概是5.1亿英镑，而他们最后征收到了2.9亿英镑，清缴率只有57%。

合计起来，使用了新版通知函和一些从私营催缴行业里学来的好方法之后，英国税务海关总署收缴的拖欠税款总额比前一年增加了5.6亿英镑，此外还清掉了3.5亿英镑的欠账。考虑到实际的做法改动是多么微小，成本又是多么低廉，这最后的成果堪称惊人。

那么，通知函中的小改动究竟是什么？我们只不过把按时纳税的真实人数（一个相当大的数字）写上去了。

可是，为什么成千上万的人会因为标准通知函上一个这么不起眼的改动，就乖乖地寄来了支票呢？答案隐藏在一条人类行为的基本原则之中，科学家们称之为社会认同原理（social proof），也就是从众心理。也就是说，人类的行为会在相当程度上受到周围的人的影响，尤其是那些令他们深深认同的人。

这个原理已经被学者们研究了几十年了，而且受到它强大威力影响的不只是人类。鸟儿、牛、鱼都喜欢成群结队，群居性昆虫也爱扎堆儿。“别人正在做什么”的力量是如此基本，以至于没有大脑皮层的生物也得服从。社会认同原理的概念或许并不新鲜，但我们一直在不断地深入了解它的威力，因此越来越明白该如何最为高效地运用它。

社会认同的力量往往会胜过理性认知，这一点让人又恨又爱。我们不愿意被人看成没脑子的鼠类，把自己的决断力彻底拱手交给人类。可从众也有好处，因为在绝大多数情况下，跟着大伙做都没错。

从众不单是出于攀比的心态，它的根源更为基本——它源自人们心中三条非常简单却非常强大的动机：尽可能高效率地做出正确决定、获得他人的认同、用积极正面的角度看待自我。

英国征税通知函上那个看似很小的改动，之所以产生了如此显著的收效，是因为它同时满足了这全部三条动机。在这个忙碌的、信息量超载的社会里，“大伙怎么做我也怎么做”是一个通往明智决策的、相当高效的捷径，无论人们要做的决策是看哪场电影、频繁光顾哪个餐馆，或是像英国税务海关总署的例子，要不要缴税以及何时缴税。

看到绝大多数人都按时缴税这个事实，会激起人们想要跟别人一样做的愿望。毕竟，如果遵从绝大多数人的做法，就很有可能得到他们的认同，扩大人际圈子的概率也会增加。最后，在英国民众收到税务海关总署通知函的这个案例上，第三个动机（用积极正面的眼光看待自己）也被激活了。绝大多数人大概都不愿赖账不还吧。同样，要是某人认为社会上人人都是吸血的水蛭，那他大概也很容易做个水蛭。但是，了解到有这么多英国民众都按时缴纳税款，那些拖着不交的人会觉得自己在白占便宜。在那条信息面前，通过缴税来跟从大多数人的行为，会帮助此人重塑正面的自我形象：我是个尽职尽责的公民。

考虑到社会认同原理的力量有多么强大，人们对它的忽视实在令人吃惊。本书作者中的两位曾经与行为科学家杰茜卡·诺兰（Jessica Nolan）、韦斯·舒尔茨（Wes Schulz）和弗拉达斯·格里斯基威舍斯（Vladas Griskevicius）共同做过一系列研究，请数百名加州房主评估4个能帮助他们节约家庭能耗的潜在原因，看看哪个对他们的影响力度比较大。4个潜在原因是：（1）节约能源有助于保护环境；（2）节约能源对子孙后代有益；（3）节约能源可以节省开销；（4）许多邻居已经采取了节约能源的行动。

相当一大批房主都把“许多邻居已经采取了节约能源的行动”排在了最末。得知这种情况之后，我们又在加州南部的一个社区里做个了实验：随机选取一批家庭，上门给他们展示上述4条理由，但每个家庭只能看到其中的一个。有些居民看到的是节能对环保有多大好处，有些看到的是对后代的益处，还有些看到的是节约能源能给家里省多少钱。最后，第四组居民看到的是一项近期的调查结果，上面写着他们的大多数邻居都在积极尝试节约能源。

大约一个月后，我们再上门去测试他们的节能状况，结果发现，最能让人们切实改变行为的，就是那条社会认同的消息——虽然在先前的实验中，大多数受访者都不肯承认它会起作用。有趣的是，先前实验中的大多数人认为最能让人节能的理由是保护环境。但在第二项实验中，环保的信息对节能状况几乎没有什么影响。

真实情况是，人们不但不大能预期到哪些因素会影响将来的行为，而且在事后也不太能辨认得出。我们三人中的一个曾经参与了一档电视新闻节目，任务是协助查出在一系列日常情境（不是紧急状况）下，人们为什么能被说服去帮助他人。在纽约城一个繁忙的地铁站里，我们聘请了一些研究者来统计有多少上班族会在路过一名街头音乐家身旁时给他钱。

不久之后，我们对这个情境做了一个小小的调整，效果马上就显现出来了，而且非常明显。就在一名毫不知情的上班族朝着这位音乐家走过来的时候，另一个人（我们请来的托儿）当着他的面，往音乐家面前的帽子里扔了几个硬币。结果如何？给钱的人数增加了8倍。

事后我们访问了给钱的人们，结果没有一个人认为自己给钱是因为刚才看见别人先给了。相反，他们提出了各式各样的理由："我喜欢他正演奏的那支曲子""我是个慷慨的人"还有"我挺同情那家伙的"。

人们一般都不大擅于辨别出影响自己行为的因素——无论是在事前还是事后，这给所有耗费时间、精力、往往还有不菲的金钱来询问顾客"是什么让你做出购买决定"的企业或组织机构提了个醒。尽管我们相信许多顾客都很乐意回答这种问题，但他们给出的答案是不是真实的原因，我们就没那么乐观了。结果就是，依据这些答案而做出的营销战略往往失败率很高。

所以，与其把你的影响策略建筑在那些人们自以为的影响因素之上，还不如马上做个小小的改变：如果你想让目标客户做某件事，那就简明而诚实地指出，大多数跟他们很类似的人已经在这样做了。比如说，一名想拓展业务的经理人打算邀请客户来参加新产品说明会，他可以用这种做法来提高出席率：先邀请一批最有可能来参加的人，然后他就可以诚实地向下一批目标客户指出，"有很多人已经接受了邀请，准备出席了。"这个小小的改变会十分见效——哪怕这些目标客户曾经宣称过，自己要不要参加跟其他人来不来无关。

如果把上述缴税案例中的另一个经验加上的话，社会认同原理还会发挥更大的威力。那就是把数据说得更加具体一些。有些通知信中不单指出了全国上下有多少人按时缴税，还列出了收信人所在地区

（同一个邮政编码）的按时缴税率。这个方法的清缴率达到了79%，而标准信函的清缴率是67%。

当然，能从这个原理中得益的不仅仅是政府部门和税务官员而已。从跨国电力公司到地区性的房屋协会，绝大多数企业和组织都需要及时从顾客和客户那儿回收资金。证据表明，大多数顾客都会按时付款，而我们的建议是，把这条信息印在发票和结算单据的显眼位置。虽然单凭这么一个小小的改动不大可能让每个人都按时付款，但它肯定能提高你的回款率，好让组织腾出资源来，专门对付那些故意不按时付钱或是压根没打算付钱的少数人。

下面这一点也很重要：你引导受众去关注的那个行为，应该是被普遍接受、并且是你希望他们去做的。本书作者之一曾与两名医生苏拉吉·巴斯（Suraj Bassi）与鲁珀特·邓巴－里斯（Rupert Dunbar-Rees）共同主持过一项研究，我们发现，如果医护中心把上个月缺席诊疗的患者人数公布在显眼的位置，那么接下来那个月爽约的患者就会增多。正如我们在引言里提到的，爽约会引发巨额损失，导致效率低下，而且受影响的不只是诊疗结构，各种各样的企业和公共部门都会遭遇这个问题。因此，一个小小的、几乎没有成本的做法改变，比如引导人们去关注那些你希望他们去做的事，往往能够取得令人惊叹的效果。

当然了，如果你希望人们去做的事，比如缴税、如约前来、按时做完作业等等，并不是大多数人采取的行为，那么，这个“强调大多数人都在这样做”的方法就不会那么见效。在这种情况下，虽然你可以轻易地虚构出一个“大多数”（这个念头很有诱惑力），但我们强烈反对这种想法。这不仅是因为它违反伦理道德，也是因为万一人们发现了这种行径，知道了这个社会认同的吸引力是你捏造出来的，那么你今后所做的一切影响行为都会引起人们怀疑。往好里说，你得努力争取人们的信任，往坏里说，你会适得其反。

然而，变通方法还是有的，事实上，有两个具体做法相当见效。第一个方法就是强调你所鼓励的行为在某个特定的情境下被大多数人认同。行为科学家把“在某个情境中被绝大多数人认同/不认同的行为”称作命令性规范（injunctive norm）。例如，强调关于“绝大多数人都支持某个很有意义的目标”的调查结果对塑造人们以后的行为大有助益，比如“80%的加州居民认为，尽责参与节能项目是十分重要的”“九成员工都说，他们很希望多学到一些关于健康生活方式的知识”。在这类情况下，在沟通中加入这样的命令性规范，就能起到四两拨千斤的作用。

公布绝对数字（暗示着有许多人都在这样做或这样想）的做法也会很有效。Opower是一家位于弗吉尼亚州阿灵顿（Arlington）的公司，它的业务是提供能源报告，提倡家庭节能。Opower在公司网站上公布了一组实实在在的数字：这个项目帮助人们节省的电能“超出60亿度”，节省的费用“超过7.5亿美元”。这样的信息能够相当有效地鼓励人们积极参与，但它并没有指出“绝大多数跟你很相像的人已经参与进来”的具体证据。指出参与人数日渐增多也是个好办法，尤其是在你刚发起了某个活动，正希望它能像雪球一样滚动起来的时候。例如，如果在过去几个月间，某个博客的访问量从每周一两百人上升到了近千人，那么博主就可以强调一下，在这么短的时间内，他的访问量增加了5倍。一个Facebook用户可以推一推他日趋增长的“点赞”数目。

当然，如果我们宣称这些运用了社会认同原理的方法（比如英国的缴税通知函）适用于任何状况，每当我们想要改变他人行为时它们都能起作用，那就太过天真了。但是，鉴于某些运用了社会认同原理的最新策略已经帮助人们获得了数十亿的额外收益（而不仅是百万或上千万），学会这些方法显然是合情合理的。

这就引出了一个相关联的问题：在什么情况下，人们会有意地避免从众呢？

C H A P T E R

O2

“小众”的反作用力

食客更愿意去人声鼎沸的餐馆，而不是门可罗雀的那一家；看球赛时，观众会不由自主地站起身来，加入循环涌动的人浪[1]；或者，像前一章里详细分析的那个案例一样，被说服的人们愿意按时缴税。无论在上述哪一情境中，社会认同都是一个极为有效的决策捷径，让我们不但能做出绝大部分的正确决定，还能跟他人建立起情感联结。想随大流的吸引力是如此巨大，以至于跟大众背道而驰不仅会让人感到不自在，甚至还会让人感到痛苦。最近在神经科学方面的研究证实了这一点。

所罗门·阿施（Solomon Asch）在20世纪50年代对从众现象做过十分经典的研究。在近期的一个重现

1　研究者们对发生在运动场上所谓的“墨西哥人浪”做过有趣的研究，他们发现，不管赛场上进行的是哪种运动，也不管观众来自哪种文化，人浪现象有着显著的共性。比如说，匈牙利布达佩斯罗兰大学（Eotvos University）的研究者们发现，绝大多数人浪都是按照顺时针走的，每一波的宽度一般都在15个座位左右，而且以稳定的速度往下涌动（每秒钟12米）。若问掀起一波人浪需要多少个人？上述研究者们的观察是，不到36个人就可以了。

实验中，神经科学家格雷戈里·伯恩斯（Gregory Berns）与研究团队告诉一组受试对象，这个实验是研究观察力的，他们将会看到一系列立体的物体，然后指出哪些物体的大小和形状相同，哪些不同。研究人员还说，虽然每个人都要参加这个实验，但只有一个人会被选中，去隔壁房间接受核磁共振成像（fMRI）的扫描，工作人员在准备机器的时候，所有人都要在这个等候室里等着。然而，这一切都是精心设计的情节，因为只有那个被选中的人才是真正的受试对象，其余所有人都是研究团队的成员。这个真正的受试者将要成为一个有趣实验的研究对象，实验目的是辨识出当人们在反对群体意见时，大脑将会发生什么变化。

研究人员把这位“被选中”的受试者连上扫描仪，给他看一组成对出现的立体图像，然后问他哪几对相同，哪几对不同。但是在他回答之前，工作人员会告诉他，另一个房间里的“受试者们”都已经看过了这些图像，并且选出了正确答案。有时候，那一组人会故意给出错误答案，为的是看看这位受试者是否会屈从社会压力。尽管绝大多数“被选中”的受试者明知那一组人给出的答案不对劲儿，但他们还是认同了大多数人的意见——这个概率占到了40%。

但是，或许更加有趣的发现是：当受试者做出独立的判断，违背了群体的意见之后，大脑中与情绪处理有关的区域被激活了，这说明与众人背道而驰的确是有情感成本的，我们付出了痛苦的代价。

如果我们认为某个群体对我们的社会身份极为重要，换句话说，就是那种帮助我们定义了“我们是谁”、帮助我们决定“如何看待自己”的群体，违背这样的群体就变得尤其困难。例如，请回想前一章中的案例，英国的税收官员们通过在通知函的显著位置指出绝大多数人已经按时缴税的简单做法，就说服了更多的人按时交钱。如果信函中写得更为具体，指出在收信人所在的这个邮政区块，大多数人已经按时交钱了，清缴率就从标准的67%上升到了79%。

这份通知函还有第三个版本，越发强调了收信人的社会身份。在这个版本中，信中列出的不是收信人所在的邮政区块有大多数人已经按时纳了税，而是点出了收信人所在城镇的名字。这个小改动使得清缴率进一步上升，大约有83%的人采取了行动。

这些结果告诉我们，“四两拨千斤”的方法之一，就是把你要说的信息跟受众群体的社会身份紧紧地关联起来。例如，网络世界能给人提供一个更有说服力的数据：IP地址。它能显示出网站访客的所在地，组织机构可以利用它传达社会认同的感觉。换言之，面对来自纽约和休斯敦的网友，你不必再使用笼统的、千篇一律的社会认同信息了（比如“81%的人购买了这个豪华大礼包！”），你可以让程序显示出更加个性化的数据（“82%的纽约客都购买了这个豪华大礼包！”“80%的休斯敦人买了这个豪华大礼包！”）。但前提是，这些数据得是真实的。

能让人感受到“相似性”的社会认同信息不只是地点，人名也可以达到同样的效果，我们把这个概念称作“称谓相似性”。2012年美国总统大选中，奥巴马的竞选团队就使用了一个著名的电子邮件拉票方法：邀请注册选民来查询有多少与他们同名的人已经投了票。例如，某人会看到这样的消息：“嗨，埃米莉，这个功能很酷哦。你能查到有多少也叫埃米莉的人已经投票了。”

看完邮件之后，收信人还可以把这个链接转发给朋友们。“跟你认识的人分享这个功能吧，比如梅根、汤姆、凯莉、艾比、莫和丹尼，这样他们也能看到有多少跟他们同名的人已经投了票。”

人们总是很愿意与自己所属的或想要进入的群体保持一致，同样，他们也很希望与那种不愿与之扯上关系的群体区别开，避免与那些人一样做出相同的行为。为了验证这个想法，畅销书《疯传》（*Contagious*）的作者，学者乔纳·伯杰（Jonah Berger）与《瞬变》（*Switch*）和《让创意更有黏性》（*Made to Stick*）作者之一奇普·希思（Chip Heath）一起做了一个非常有趣的实验：在大学宿舍中，如果一群买了某种慈善手环的大学生看到另一个颇为“怪咖”的宿舍里的学生们也戴着同款手环，他们会有什么反应？为了回答这个问题，他们先派研究人员上门服务，到目标宿舍（比如并不怪咖的那个）中请学生们捐钱给某个慈善团体，捐多少都没关系，参与人都可以换得一个手环。一周过后，这些研究人员再到附近的“学霸”宿舍，提出同样的要求。这个宿舍之所以有“怪咖”的名声，是因为这些学生会积极参与额外的学术活动，比如选修其他课程、牵头做小组讨论之类的。研究人员知道目标宿舍的学生们肯定会看到“怪咖”宿舍的学生们戴手环，是因为这两个宿舍的人都在同一个餐厅吃饭。

需要指出的一点是，就在研究人员向目标宿舍的学生提供手环的同时，他们也向一个远在校园另一头的“对照宿舍”提供了手环。他们希望看到目标宿舍的学生跟“怪咖”宿舍的交流，但他们不想让任何一个宿舍与“对照组”发生沟通，距离远就是这个用意。

实验结果极有启发性。研究人员发现，“怪咖”宿舍的学生们买了手环之后，目标宿舍中戴手环的学生人数减少了32%。可是，研究者们是怎么知道这些学生不愿戴手环主要是因为他们不想跟“怪咖”们一样，而不是出于更简单的原因，比如戴烦了呢？原来，在相同的时间区段内，对照宿舍的学生（他们从没跟“怪咖”宿舍的学生们碰过面）里只有6%的人不再戴手环了。

伯杰和希思认为，当一个需要衡量的行为被公之于众的时候，与群体划清界限的动机最强。为了验证这个想法，研究者们又做了一个实验，这次是在食物的选择上。他们先是告诉一组本科生，校园里垃圾食品的最大消费群体是本科生，然后又告诉另一组本科生说，最大的消费群体其实是研究生（本科生一般都不愿与研究生为伍）。随后，研究者让这些受试者分别在私下里和公众场合选择食物——其中有些是健康食品，有些是垃圾食品。伯杰和希思发现，当受试者在私下里选择食物时，上述两组人里选择垃圾食品的人数没有明显差别。然而，要是让这些受试者当着其他本科生的面做选择，在被告知“研究生是垃圾食品的最大消费群体”的那组学生中，选择垃圾食品的人数明显减少了。

把两个实验结果综合起来看，这项研究告诉我们，企业在开发新客户群体时，一定要避免这样的情况出现：当新客户群使用了这项产品之后，现有客户群体为了把自己跟这些新客户群体区分开，就不再继续使用它了。更广泛地说，这项研究表明，如果你不鼓励他人做出某种行为（比如饮食不健康、乱丢垃圾，或是上班迟到），那就应该把这些行为跟受众们不想要的身份联系起来。

我们想起了三星手机最近发布的一则讥讽死对头苹果公司的广

告。画面中，一大群青少年苹果用户在排队等着购买新iPhone。队伍中一个人说，他最近买了一个三星手机，在这儿排队只是为了帮别人占位子。过了一小会儿，观众就看到了他是在替谁排队。原来正是青少年们最不想与之为伍的人：他们那已届中年的父母！

C H A P T E R

O3

非常态VS常态

在前面的章节中我们讲到，把要传达的信息做一个小小的改变，你的提议或要求就能获得非常显著的收效。具体做法就是向受众指出，与他相似的一群人已经在按照你的想法行事了。我们也证实了，如果这群人与你的受众拥有同一种社会身份，同属一个族群，那么你的信息可能会更有说服力。但是，我们还有一个重要的方法，帮你再做一个微小的、却能大幅提升说服效果的改变：在遣词造句的时候，透露出你所倡导的那个行为有多么寻常或多么不寻常。让我们来看个例子：

设想一下，你的一个朋友有个讨厌的坏习惯：打喷嚏时从来不捂嘴。那么，你是应该强调打喷嚏时捂上口鼻的诸多好处呢，还是应该强调不捂的坏处？

心理学家哈特·布兰顿（Hart Blanton）和同事们认为，哪种措辞能够见效，要看你的朋友对关于这个行为的社会规范（social norm）有何看法。正如我们在早先提到的，人们都愿意与社会规范保持一致。可是，人们往往也喜欢强调自己的独特，彰显自我的个性。这话的意思是，当有人引导他们去思考某个行为对自己的身份会造成什么影响的时候，一般来说，他们会更加在意**违背**（而不是顺应）社会规范的代价和好处。因此，如果你想影响他人的行为，那么，你就从违背他心目中的社会规范的角度去遣词造句，这样做的收效比**顺应**的角度更见效。

例如，如果你的朋友认为打喷嚏时捂上嘴是符合社会规范的，那么最有效的措辞方式就是强调违背这条规范的人有何负面特质。比如说："那些打喷嚏时不捂嘴的人真是不负责任啊。"相反，如果他认为打喷嚏时不捂嘴才是正常的，那么你要强调的就是捂嘴的人（违背他心目中的这条规范）有哪些正面特质，比如"那些打喷嚏时捂嘴的人都很负责任。"

在一个为了验证这个假说而专门设计出来的实验中，布兰顿和同事们请一群受试对象阅读一篇关于学生接种流感疫苗的新闻报道，但这篇报道有两个版本：一个说的是绝大多数学生都主动接种了疫苗，而另一个说的是绝大多数学生都不愿接种。接下来，研究者们请受试者们再阅读一篇文章，内容是对接种或不接种疫苗的行为进行评价。这篇文章也有两个版本，措辞的角度不一样：一个是将接种疫苗的决定与正面积极的人格特质关联起来（"那些愿意接种疫苗的人很为他人着想"），另一个则把不愿接种的决定与负面的人格特质关联起来（"那些不愿接种疫苗的人真不为他人着想"）。

实验结果与研究者们的预期一致：对违背规范者（而不是顺应规范）的特质的描述对受试者的影响更大。换句话说，当受试者以为绝大多数学生都主动接种了疫苗的时候，强调那些"不愿接种的人"的特质的措辞更有说服力；当他们以为绝大多数学生都不接种疫苗的时候，对那些“愿意接种的人”的特质描述更有说服力。

这个实验提供了清晰的示范做法：首先，告诉人们关于某个行为的社会规范是什么，然后描述那些违背这个规范的人具备什么特质。如果一家健身俱乐部希望更衣室能一直干净整洁，那么管理人员就可以告诉新会员，绝大多数会员都会把用过的毛巾放进洗衣筐，而不是随便扔在地上，不这么做的会员无异于不尊重他人。新员工参加入职培训的时候，公司相关部门的人员可以告诉他们，绝大多数同事都会如实并正确地填写报销单，而且会按期交上去，不这么做的人会让他们所在的部门面上无光。医生应该告诉一个刚刚被确诊的糖尿病患者，绝大多数类似的病人都迅速地养成了开车前检查血糖值的好习惯，少数不这样做的人会把其他司机置于危险境地。

稍等一下。在上述的健身房会员、新员工和糖尿病患者的例子以及接种疫苗的研究中，那些被告知相关社会规范的受众事先并不知道有这些规范存在。那么问题来了，要是受众对“某个行为是否常见”已经形成了自己的看法，那么这种方法还管用吗？答案是肯定的。

布兰顿和雷吉娜·范登艾顿（Regina Van den Eijnden）以及其他研究人员又做了一个独立的实验，他们请受试对象先汇报一下他们对“校园中健康生活方式是否常见”的印象。两周之后，受试者们读到了一份其他学生对健康生活方式的评价。这份评价是编造出来的，而且是从两个角度写的：第一种把积极正向的特质（比如成熟、聪明）与健康的生活方式关联起来，第二种则把负面的特质（比如不够成熟、愚蠢）与不健康的生活方式联系起来。研究者们发现，受试者越是认为健康生活方式很常见，就越容易受到第二种说法的影响，即那些没有健康生活习惯的人具备负面特质。与此形成对比的是，受试者越是认为它不常见，就越容易受到第一种说法的影响，即有健康生活习惯的人都具备积极正向的特质。

这个发现以及其他类似的研究结果告诉我们，如果你想劝说他人，在思考如何措辞之前，应该先完成一个很小却十分重要的任务：先考虑一下受众对相关社会规范的认知状况，然后再把某种特质与违反该规范的人关联起来。

也就是说，如果一位经理人希望下属们能养成守时的好习惯，提高工作效率，那么她就应该先调查一下大家对“开会迟到的现象是否普遍”的印象。如果大家的印象是这个问题经常发生，那么她在传达信息的时候，就应该强调“能够按时开会的员工具备哪些积极正面的特质”；如果大家都认为开会迟到这事儿其实并不常有，那么她的沟通重点就应该是“迟到的人有哪些负面特质”。

更普遍地说，我们希望通过正确应用这些虽小但很科学的说服方法，人们会变得更加健康，同事们会更容易答应你的请求，自助沙拉吧也不再需要安装防喷嚏的透明罩子了。

C H A P T E R

04

强大的环境暗示

20世纪90年代，纽约市长鲁迪·朱利安尼（Rudy Giuliani）和美国其他地区的一些政府官员采纳了社会科学家詹姆斯·威尔逊（James Wilson）和乔治·凯林（George Kelling）提出的“破窗理论”。这项理论表明，即便是一个象征杂乱的微小讯号——比如住宅区里有一扇窗户破了，或某个店面的门坏了没修——都有可能为范围更广的负面行为推波助澜，原因就是它传达出的社会规范意味。

接受了这个理论的朱利安尼、纽约市市警察局长以及其他政府官员，开始重点整治那些关于混乱无序和轻微罪行的微小但强有力的讯号。他们的做法包括清理涂鸦、打扫街道，对一些看似极小的违规行为实行零容忍政策，比如乘地铁时逃票的行为。虽然这方面的科学证据还并不充分，但政客们认为这些举措有效地遏制了更为严重的罪行和违规行为。然而，行为科学家基思·凯泽（Kees Keizer）、西格沃特·林登伯格（Siegwart Lindenberg）和琳达·斯蒂格（Linda Steg） 的研究似乎揭示了确凿无疑的证据，说明这些看似微小的、违背社会规范的行为确实会对环境中的其他行为造成影响。更为重要的是，他们的研究指出，政策制定者和相关商业机构运用一些微小的改变，就能得到显著的收效。

在现场实验中，凯泽和同事们测试了在某个环境下，一些关于混乱的微妙讯号会在多大程度上引发其他负面行为。在一项测试中，研究者们找到一个完美的场景：在一家荷兰购物中心外面有条小巷子，前来购物的顾客常常把自行车停放在里面。趁着车主们都待在购物中心里的时候，研究者们把购物中心的广告单页用橡皮筋套在自行车的车把手上。第一种情况下，研究者们什么也没动就离开了小巷了；第二种情况下，他们往小巷的墙上喷了涂鸦。由于附近没有垃圾桶，从购物中心出来、发现自己的自行车把手上被人放了广告的顾客们面临一个简单的选择：取下广告纸之后，是把它带回家呢，还是随手扔在地上？

结果显示，当小巷的墙上没有涂鸦的时候，33%的自行车车主把广告纸扔在了地上；墙上有了涂鸦之后，这个比率达到了69%。

在另一个非常有趣的实验中，凯泽和同事们找了一个有好几个入口的停车场，他们用临时围栏把其中一个入口堵上，在上面张贴了一张告示，说此门不开，想要取车的话请走另外一个入口（大约在180米开外）。然而，研究者们故意在围栏上留了一个开口，人要是真想从这里进去的话也能过得去。他们还在围栏上放了另一个“禁止把自行车锁在栏杆上”的告示。实验中唯一的变量就是四辆自行车：第一种情况下，这几辆自行车只是停靠在围栏旁边；第二种情况下，它们全都锁在了围栏上。

结果如何？当自行车只是停靠在围栏旁的时候，27%的行人违反了指示，径直穿过围栏进入了停车场。然而，当四辆自行车全都被锁在了围栏上，即违背了第二个告示的时候，穿过围栏的行人比率竟然高达82%。

到目前为止，这个研究告诉我们，当人们看到其他人违反了某条社会规范之后，他们不但更有可能亲自去违反一下，而且还更有可能去违反另外一条相关的社会规范。例如，一个遛狗的人允许他的狗在公园里便溺，或许并不是因为他看到另一个遛狗的人这么做，而是因为他看到了公园里其他的混乱迹象，比如有人随地扔垃圾或烟头。当办公室里的职员经过复印机和碎纸机旁边，发现那儿乱糟糟的，随处散落着碎纸片的时候，他们就更加有可能违反办公室里的其他规定，比如把用过的咖啡杯随手留在桌子上，或是在厨房吃饭时洒了食物也不收拾。

可是，看到一个貌似不起眼的脏乱场面，真的会让平时不会顺手牵羊的人去偷东西吗？为了验证这个问题，研究者们把一个贴了邮票、写了地址的信封半塞半露地放在邮箱里，好让路人看得到也拿得到，那信封里明显放着一些钱。凯泽唯一改变的因素是地上是否有乱扔的垃圾。地上没有垃圾的时候，只有13%的路人偷走了信封和里头的钱。然而，当地上扔了垃圾的时候，偷窃率几乎提高了一倍——大约25%的人偷走了它们！

这些发现显示出，环境中的细微线索对人们的行为具有多么强大的影响力。因此，如果你有责任（或有兴趣）鼓励人们做出对社会有益的行为时，你不但应该对要传达的信息做一些小改动，也要对环境来一点儿小小的改变——要知道，改变人们所处的环境往往比改变他们的想法容易得多，效果也要好得多。

更进一步说，上述研究工作显示，默许人们违反看似相对来说并不重要的规范，而且违反的迹象清楚可见，这很可能会导致人们在更加重要的问题上违规。比如说，商场或许会认为，试衣间里或洗手间里偶尔有点儿垃圾没什么大不了的，可是，这项很有说服力的研究显示，那点儿垃圾很可能会导致商场里的偷窃率上升。在职场中，如果管理者默许办公环境一直脏乱，或是东西坏了也不修理，那么这些迹象渐渐积累起来，很可能会在无形中影响到员工的工作态度，让人变得懈怠，更糟的是可能会导致某种渎职行为。

那么，经理人、市议会成员，甚至是政策的制定者可以运用哪些“四两拨千斤”的方法高效率地影响人们，让大家在社区和公共区域做出他们所倡导的行为？

前文提到的那些研究者们最近做了一项社会心理学方面的研究，得出了一个较新的结论，从中我们可以总结出一个方法。与大家都认为的相反，让人生活在一个整洁有序的环境中（员工厨房里没有脏杯子、公园里没有随手丢弃的垃圾、人行道干干净净），并不能塑造出最强有力的、能让人做出受鼓励行为的背景环境。实际上，最强有力的背景环境就是，要让人们清楚地看到其他人都在遵守规范。因此，最有效的“四两拨千斤”的方法并不是让人们置身于一个已经井然有序的环境中，而是让人们置身于一个能够看到他人遵守秩序的环境中。换言之，在办公室里，最好的“四两拨千斤”的方法或许是把收拾厨房和员工更衣室的时间段调整一下。与其让保洁工在大家全都下班之后来干活，还不如让他们提前来，好让员工们看到办公环境恢复整洁的过程。

政府官员们可以采用的一个类似方法是，倡导市民们不要只是简单地“不去做糟糕的行为”，而是以一种公开的方式，去纠正他人的糟糕行为。市政当局可以拨出资源，把那些希望公开表达对脏乱环境的不满的市民们组织起来，去清理湖泊和海滩上的漂浮物，清除楼房上的涂鸦，打扫街道上的垃圾，通过这些手段来倡导民众维持整洁。本书作者之一与雷蒙德·雷诺（Raymond Reno）和卡尔·卡尔格伦（Carl Kallgren）同做的一项研究显示，这样做的效果好得出乎意料。观察结果显示，在正常情况下，38%的路人会把手上的广告宣传单随手扔在街上。但是，如果路人看到有人把别人扔掉的宣传单捡了起来，扔垃圾的人数比率就降到了仅仅4%。

要是我们宣称，如果某个员工总爱把变质的鱼肉卷或一个月前的牛奶留在公司冰箱里，而你没有制止他这个坏习惯，于是你们公司肯定会成为下一个破产的安然公司，那也未免太夸张了。可是，我们敢说，在塑造人们行为的时候，由于背景环境起到的作用与你所传达的信息内容一样重要，所以，即便是对环境进行一个看似很小的调整，也会带来显著的收效。

CHAPTER

05

改个名字，改变一切

2012年10月月末，飓风桑迪呼啸着穿过加勒比地区，掠过大西洋中部，然后在美国东北部再次登陆，在沿途造成了极大的破坏。速度接近每小时100英里（约160公里）的狂风，再加上瓢泼的大雨，造成大面积的区域受灾，损失超过了750亿美元。灾害过后，成千上万的人们参与了清理和救灾行动，诸如美国红十字会和联合国这样的组织也加入进来。企业也伸出援手，一些新闻频道播出了长时间的募捐呼吁节目，筹到了数百万美元的善款。

新闻节目起到的作用可不只是号召人们捐款救灾。他们还给飓风起了一大堆绰号，从带着挑衅意味的，到明摆着引发恐惧心理的，不一而足。比如“飓雪”，为的是强调可能会伴随“飓风桑迪”到来的大量降雪。“妖风”又是一个，指的是这场风雨来临的日子跟万圣节十分接近。

给飓风起一个非正式的、能引发恐惧心理的绰号是否能募集到更多救灾款项，这方面的证据我们不清楚，但有确凿证据的是，官方给飓风起的正式名字能在很大程度上影响人们为救灾捐款。这些证据不仅令人惊讶，它们还会揭示出一些重要的、关于“小改变、大影响”的深刻见解。

对救灾捐款的数据进行分析之后，心理学教授杰西·钱德勒（Jesse Chandler）得到了一个非常有趣的发现。有意思的是，如果某人名字的首字母刚好跟飓风名字的首字母相同，那他就更容易捐款。例如，钱德勒发现，如果飓风的名字是丽塔（Rita），那么名字首字母是R的人，比如罗伯特（Robert）或罗斯玛丽（Rosemary），捐款的可能性就比名字首字母不是R的人高出260%。他在卡特里娜飓风（Hurricane Katrina）的案例中也发现了同样的效应，名字以K开头的人在救灾捐款活动中表现得就比他人积极踊跃得多。回溯往年的记录，每一次飓风灾害都符合这个相同的模式——名字首字母与飓风名字相同的人，捐款率都比其他人大得多。

市场营销学教授亚当·奥尔特（Adam Alter）在《粉红牢房效应：绑架思维、感觉和行为的9大潜在力量》（*Drunk Tank Pink*）中提出了一个非常有价值的见解。如果人们真的更加愿意为名字的首字母跟自己一样的飓风捐款，那么，负责为飓风命名的机构，也就是世界气象组织只需用一个简单的方法就能提高赈灾捐款的数额：用更为常见的名字给飓风起名。由于近年来气象学取得的进步，人们可以预测出风暴将会袭击哪些地区，看看这些地区的选民登记资料，然后挑出一个该地区最常见的人名就可以了。

乍一看，这种主意简直就是古怪科学家们为了博头条而做的研究，或是人们为了下个周末的晚餐派对琢磨出来的愚蠢谈资。可是，若把这些发现当作无稽之谈，那就无异于忽视了人类心理中一个根本又强大的特点——事实情况是，我们非常重视自己的名字。

想想这样的场景吧：在某个大会现场、商务会议或派对上，你跟一个同事或朋友聊得非常投机，你正全神贯注地跟对方说话，以至于丝毫没有留意身边其他的事情。可是，你突然听到房间那头有人提到了你的名字，你的注意力马上就转移了。这就好像你头上竖着一个隐形的雷达，在不停地扫描周边的环境，只要有人一提你的名字，即刻就会做出反应。这种现象是如此普遍，以至于心理学家们专门给它起了个名字：鸡尾酒会现象（The Cocktail Party Phenomenon）。

如果你想多寻找一些证据来证明人们有多么重视自己的名字，那么下次你在开会或跟一群朋友们待在一起时，试试这个小实验：给每个人发一张纸，请他们写下字母表中他们最喜欢的五个字母。如果他们跟参与过这项研究的受试者差不多，那么，当你看到大家的答案时，十有八九你会看到一种神奇的规律：每个人选中的字母都跟自己的名字里用到的非常相似，尤其是首字母。

那么，这种规律如何帮你成功地影响他人呢？

任何说服策略中都有一个不可或缺的部分，那就是吸引对方的注意力。因此，清楚而多次地提到对方的名字是个很有道理的做法，或者最起码，要让你的请求或传达的信息跟受众的名字发生关联。例如，我们与一组英国医生一起做过一个实验：我们用短信来提醒患者按时参加预约的诊疗，如果短信中把患者的名字加上去，爽约率就比不加名字的时候降低了57%。有趣的是，如果我们用的是患者的全名（比如约翰·史密斯）或是更为正式的称谓（比如史密斯先生），就一点儿也没用。**唯有写出患者的名字（不加姓氏）才有收效。**

这种“四两拨千斤”的方法不但可以用来遏止因患者爽约而造成的效率低下，还可以用来说服人们交罚款。“行为洞察组”是一个由行为科学家组成的精英小组，他们原本在英国政府的核心部门工作，如今供职于一家商业机构。他们所做的一项研究表明，如果在交罚款的短信通知中写上缴款人的名字和罚款金额，比起不写名字时，清缴率提高了将近一半——从23%增加到33%。

在启动新的商业活动或工作项目时，满足人们重视自己名字的天性也能起到很大作用。当你需要为新项目命名时，你可能会想起一个意韵深远、神秘莫测的名字，以便吸引人们的注意力，调动他们的积极性。可是，飓风研究指出了另一条道路。与其把新项目比作神话中从灰烬中涅槃重生的鸟儿，希望借此唤起员工们的激情和共鸣，你还不如换个简单的方法：从参与这个项目的员工名单中选择一个出现率最高的名字，没准这样你获得的支持会更多。或者，最起码你可以选出一个出现次数最多的首字母，以它为基础来为项目命名。医药公司的高级管理人员可以浏览经常在约方中使用公司生产药物的医生名单，等到下一个创世新药问世的时候，就有了命名的参考——推广新药物 Painaway（关节炎软膏）的初期，去拜访 Painton 医生，必定是个精明的做法。

看，改个名字，就这样改变了一切。

C H A P T E R

06

如何化敌为友

商业环境极少静如止水。变革往往发生在转瞬之间，给我们带来始料未及的挑战。突如其来的一次并购，昨天的竞争对手可能在今天就成了同事。对商业模式进行一次调整，长久以来的死对头或许就变为最完美的合作伙伴。看似简单的一次公司重组，或许就能让以前从没碰过面的两个部门合二为一。

在这种情况下建立起合作关系一向是非常困难的。如果双方原本是对手，都曾经拼命地把自己跟对方区别开，如今却要开始携手共事，那么挑战就更大了。因此，当昔日的敌对双方“联姻结合”，哪些小小的方法可以鼓励人们接纳曾经的竞争对手成为新家庭中的一员，与新同事并肩工作，欣然共事呢？

可能的答案来自一个截然不同的群体，这个群体一向以喜欢“针锋相对”而闻名于世：球迷。

对抗与竞争是体育运动中的常态。差不多每个球迷都有这种体会，那种对抗的感觉势同水火，而且代代相传。想想洋基队和红袜队就知道了，还有凯尔特人队和湖人队、巴塞罗那队和皇家马德里队、芝加哥熊队和绿湾包装工队。

如果双方的对抗达到了这种程度，那很难想象他们会愿意在任何事情上展开合作。但是，英国心理学家马克·莱文（Mark Levine）所做的出色研究表明，即便是在最为极端的情况下，依然有些东西能把我们联结在一起，而不是分开。

莱文先请一群英国足球迷——刚好是曼联队的死忠粉——填写一张问卷，内容是写下他们喜欢曼联的哪些方面。填好问卷之后，球迷们需要走到校园里的另一幢楼里去，参加下一阶段的研究。往那幢楼走的路上，曼联球迷们会看到一个慢跑的人（其实是工作人员假扮的）摔了一跤，而且看上去受伤了。第一种情况下，慢跑的人穿着一件没写字的白上衣；第二种情况下，他穿着一件曼联队的球衣；第三种情况下，他穿的是曼联队的死对头——利物浦队的球衣（在我们看来，此举相当勇敢）。

观察员们拿着记录板在隐蔽的地方观察，记下有多少曼联队球迷会出手相助。结果是，要是你出去跑步，而且很倒霉地受了伤，你能否得到帮助跟你穿的上衣有很大关系。在研究中，当慢跑者穿的是素白T恤的时候，大约三分之一的曼联球迷停下来帮忙了。当他们看到伤者穿的是曼联球衣，说明此人是他们中的一员的时候，绝大多数都帮忙了。

可是，当慢跑者穿着死对头利物浦队的球衣时，情况如何呢？停下来帮忙的曼联球迷非常少。这是一个非常有说服力的证据，说明人们最愿意帮助自己的“同类”。

让人欣慰的是，只需对情境做一个小小的改动，人们就会更加愿意敞开心怀，帮助并接纳那些一度被自己视为“外人”的人。在相同的实验中，当曼联球迷率先填写的那张问卷问的是“你为什么喜欢当个足球迷”的时候（而不是“喜欢自己球队的哪些方面”），愿意帮助穿着对手球衣的慢跑者的人数翻了倍。

所以，此处的“四两拨千斤”方法就是：当你需要鼓励大家联手合作的时候，应该把重点放在他们的共同身份上。因此，如果管理者和领导者想要提倡团队内部形成合作和支持的氛围，多花点儿时间去关注成员们的共同点是非常明智的做法。把重点放在联结因素上，而不是分离因素上。

有没有办法把相似性的正面效应充分放大呢？有的。

沃顿商学院教授、畅销书《沃顿商学院最受欢迎的成功课》（*Give and Take*）的作者亚当·格兰特（Adam Grant）建议说，当我们强调共同点的时候，对共同点的**类型**做个简单的调整就可以了。

他的建议是，与其让大家把重点放在与新同事、新团队、新部门成员所共有的那些常见的共同点上，还不如去寻找并强调那些“非比寻常”的共同点。也就是说，应该关注那些与新同事共有的、却在其他群体中极为少见的相似之处。寻找这种非比寻常的共同点的过程——尤其是在关系构建的早期——不但能增进新人的融入感，同时还可以塑造出“我们跟别人不一样”的独特感（在这个案例中，是跟其他的竞争群体不一样）。

管理者帮助大家寻找这种不寻常共同点的方法之一，就是在开展一切正式工作之前，先鼓励团队成员们填写一份有助于相互了解的表格。请注意，“请列出你最喜欢的电视节目”或“列出你最喜欢的旅行地点”，这样的问题可能不合格，因为这样发现的相似点很可能会相当普遍。相反，应该采用的做法是请团队成员多列举几个回答，比如写出5 ~ 10个。以“喜欢的电视节目”为例，清单列得越长，团队成员们就越有可能发现，原来其他同事也喜欢某个名气不大或收视率很低的心爱节目。

无论是简单的部门重组，还是两个行业巨头的合并，重大的变化总要过一段时间才能尘埃落定。提倡新团队的成员们积极地寻找“非比寻常的共同点”，尽管是一个很小的举措，却的确可以帮助团队在合作和共事方面迈出很大的一步。

CHAPTER

07

预测他人的喜好、渴望与需求

美国游戏节目《新婚夫妻大考验》（Newlywed Game）最初播出是在1966年，内容是让新婚夫妇回答一系列跟对方有关的问题，而且难度逐渐加深，为的是看看他们对彼此有多么了解（或是不了解）。鉴于将近50年后，这档节目还在联合电视网中不断重播，足见它确实是掌握了某种制胜秘诀。

预测他人的喜好、渴望和需求的能力并不局限于《新婚夫妻大考验》这样的电视节目。它也是任何一个影响策略的重要组成部分。这种事做起来也相当难，尤其是在一段关系刚刚形成的时候，你可能对影响目标的好恶了解得相当少。幸运的是，虽然我们会因为不够了解新客户而感到忧虑，但我们对老客户是相当了解的，也就是那些一直跟我们保持联系、不断有生意来往的人，想到这一点，不安的感觉就减轻多了。与他人建立起长期关系并定期沟通的一大好处就是，算准他们的喜好和需求好像挺容易的。

可实际情况并不是这样。即便对方是我们认识了很久的人，而且我们自以为能猜出他们的好恶和需求，有些时候我们也会错得离谱。其实，有证据显示，我们认识某人的时间越长，就越不大可能猜准他们的喜好。

在行为科学家本杰明·沙伊贝翰（Benjamin Scheibehenne）、贾塔·玛塔（Jutta Mata）和彼得·托德（Peter Todd）所做的一组研究中，受试者在1分~4分的范围内对118项事物进行了评估打分，1分是完全不喜欢，4分是非常喜欢。此外，这些人还需要预测一位自己的熟人对这些事物会如何打分。有些受试者只能选择认识时间比较短的人（平均相识年数是2年）；另外一些需要选择认识时间长得多的人（平均相识年数为10年以上）。

在这个研究中，4档的分值设定很重要，因为它意味着，如果打分的是一个彻头彻尾的陌生人，那么按照概率，此人猜中的比率大约是25%。幸运的是，实验结果让大家都松了一口气，这两组受试者对熟人喜好的预测准确度都比纯粹陌生人的结果高。

可是……也没有高到哪儿去。

为相识大约两年的熟人做预测的那组人，准确度是42%。令人惊讶的是，为相识十年以上的熟人做预测的那组人，准确度竟然只有36%。

但最说明问题的是，所有的受试者都没意识到，自己对别人的了解竟然如此之少。在研究者们做的预备测试中，两组人都认为自己起码能说准60%。当然，我们在此处要问的问题是，为什么会这样？

原来，导致对老熟人的喜好的预测准确度不升反降的潜在原因有很多。一个很明显的解释是，我们与他人之间绝大多数的了解与信息交换都发生在交往的初期，此时相互了解的热情相当高。随着时间过去，这种热情劲儿慢慢降温了，新信息的交换也随之变得没那么频繁。因此，我们可能没有注意到对方的喜好发生了变化。

猜不准老熟人喜好的另一个可能原因是，因为相处的时间很长了，所以双方都认为关系相当密切，因此他们会自以为十分了解对方，所以就不大去注意对方在态度和喜好上的变化，如果这些变化是逐渐发生的，或是比较细微，那就更加注意不到了。

还有证据表明，在某些情况下，认识了很久的人或许会彼此说一些善意的谎言，或是避免坦诚直率地交谈。这种行为有保护关系的重要功能，在这种情况下是可以理解的。然而，这个原本是想保护长期关系的方法会让人们渐渐疏于了解，反而有可能破坏这段关系。因此，虽然在某些领域里，年纪渐长或许会让我们变得更加睿智，但这种智慧未必会延伸到人际关系中去，除非我们采取一些手段，确保双方能够一直坦诚地沟通，交流彼此的好恶。这样的手段不仅有道理，也是健康的。

此类方法对工作中的沟通也有帮助。试想一个在业务拓展部门工作的人，他的职责是把公司的服务销售给其他企业的采购经理；再比如，一个在服务机构里任职的客户经理。在这两个例子中，这些角色很可能已经投入了大量的时间和精力，跟客户建立起能够带来丰厚利润的业务关系。也很有可能的是，他们更愿意成为唯一一个跟这些客户接触的人。毕竟他们对客户的了解最深。

但这项研究显示，偶尔邀请一个对客户没那么了解的同事参与会议，有可能会发掘出一些巨大的新机会，因为这位同事可能会问出一些崭新的问题，而出于信誉度的考虑，经验丰富的经理人或管理者可能不方便提出这种问题，因为在对方看来，他们应该知道答案。

同样，在以顾客为中心的组织中，培训部门在安排新员工学习时，不仅应该让他们跟着业绩最优秀的那批同事，也应该安排他们跟着那些在组织中工作时间最长的员工。这样做有两个好处：新人能够在与客户打交道的过程中学到宝贵的经验，老员工们也能从认识了许多年的客户那儿得到一些有价值的新东西。本章中的“四两拨千斤”策略就是，无论你是在跟一个认识多年的老客户打交道，还是跟一个合作了很久的工作搭档相处，要跟他们定期交换新资讯，安排一些非正式的沟通机会，增进彼此的了解，这样做的重要性怎么强调也不为过。

CHAPTER

08

主动承诺的力量

“我瞧瞧，”医疗中心的经理人看着表格，“上个月353个，上上个月309个。我估计，每个月平均是300个左右，这的确很成问题啊。”

她说的是爽约的患者，用医疗行业的术语说，就是DNAs（Did Not Attends，即没有露面），指的是那些预约了医生却没有出现的人。爽约问题不仅发生在城市里的医疗中心或是更为宽泛的医疗行业里，正如我们在本书前言中所说的，每年有成千上万的商务会议、美发预约、餐馆订位、销售演示和学生辅导被人放了鸽子。在微观层面上说，一个客人在餐馆订了位子却没来，看上去不算什么。但这本书的主题是小事也能造成大影响，要是把所有爽约事件的成本累加在一起，那数目能让人瞠目结舌。在本书前言中我们提到过，英国的医疗行业对病人爽约的总成本做出了估算，大约是每年8亿英镑（约折合10亿美元）。仅仅是因为有人没有遵守承诺，这些钱就白白打了水漂。

也是在前言中，我们提出了建议：的确有一些说服方法可以让人如约前来，说得更广些就是遵守承诺。你只需对原来的做法做出几个小小的、无需成本的改动，就可以获得相当惊人的效果。

社会影响的基本原理之一就是承诺和一致性之间的关系。这个原理说的是，咱们绝大多数人都有跟自己许下的承诺保持一致的强烈愿望，如果这个承诺是我们主动做出的、需要我们花力气参与而且被公之于众的，那就更是如此。

举个例子，研究者曾扮成海滩游客，把一条浴巾和一个收音机放在某个正在晒太阳的人身旁，然后下海去游泳。一种情况下，研究者会请那位晒太阳的人（其实是受试对象）帮忙照看一下收音机。绝大多数人都同意了，并且很友善地做出了口头承诺："没问题。"第二种情况下，研究者没有请晒太阳的人照看物品就径直游泳去了。此时，真正的实验开始了。另一个研究人员假扮成顺手牵羊的小贼，跑过来一把抓起收音机就跑。获得对方口头承诺的小小举动对结果（瞧见这一幕的晒太阳的人是否会起身去追）造成了巨大影响。在研究者没有要求口头承诺的情况下，20个人里只有4人阻止；在研究者提出请求的情况下，20个人里有19个都采取了行动。为什么？因为他们已经答应要遵守承诺，起身追小偷是完全符合刚才那个口头承诺的。

如果像"请求口头承诺"这么小的一个改变就能这么明显地遏制海滩上的盗窃行为，我们想知道，相似的办法是否能够降低医疗中心的爽约比率呢？

为了回答这个问题，我们找了三位医务繁忙的医生，在他们的办公室里展开了一系列实验。在病人打进常规的预约电话，约好了日期和时间之后，工作人员请他们马上大声念出这些预约细节，然后再挂上电话。这个微小的改变产生的成效不算大：我们统计后续的爽约率时，发现这个数字不过降低了3%。乍一看，这算不得太显著，可是如果考虑到两个重要因素，意义就不同了。首先，这个方法无须成本，只需在交流时多花上一两秒钟。其次，虽然以3%的比率降低看起来很小，但基数一大的话，数字就相当可观了。如果总体损失有10亿美元，降低3%就意味着节省3 000万美元。

这个方法背后的含义很清晰。在繁忙的生活中，我们太容易把谈话或交流缩短，好把注意力移向下一件事。可是，没有获得口头承诺就结束沟通，其实是浪费了机会——即便这个机会带来的结果可能并不起眼。例如，如果在团队会议结束时，经理让每个人把要做的工作复述一遍，那么切实的执行就更有望实现。如果在临睡时，父母能先获得孩子的口头承诺，然后再放孩子多玩一个游戏，或是多听一个故事，多看一会儿电视，那么待会儿哄孩子上床时就不会那么费劲儿了。

有些时候，口头承诺也不一定非要那么明显不可。例如，如果一个业务拓展经理想邀请潜在客户来听一位行业人士做演讲，增大客户出席概率的一个方法是，他可以请客户提交一个问题，放在提问环节里备用。事先提交一个问题就如同许下一个小小的承诺，很可能会提高客户前来参会的可能性。

上述这些“四两拨千斤”的例子说的都是请对方做出一个简单的口头承诺，来增大你的说服力度。可是，有没有更好的让人守约的办法？有。为了搞清楚它是怎么回事，我们需要回到医生的办公室去。

我们发现，参与我们研究的所有医疗中心都有一个通行的做法：

给病人发一张预约卡，上面填写着下次就诊的日期和时间。一般来说，这些细节是前台接待填写的。我们很想知道这个做法是否不太明智，因为一致原理说，当人们主动做出承诺时，遵守的动机最强烈。

于是，我们测试了另一个小小的改变，用意是让患者主动参与到敲定预约的过程中来，而不是被动听从。这个小小的改变是什么？让前台接待请病人**亲自**把下次预约的日期和时间填写到卡片上。为期4个月的测试过后，我们发现该组患者的爽约率明显降低了：下降了18%。要算总数的话，这个"四两拨千斤"的方法省下的钱可不是3 000万美元了，而是1.8亿美元。成本是多少？为零。

从这个"医生研究"中得到的额外发现让我们看到了另一个非常重要却被人忽视的陷阱，在当今的交流和会议中，我们常常会掉进去：我们总是亲力亲为，因为这样一来，起码事情能够被做完。产生这种想法是多么容易啊！于是，销售会议结束后，销售员发现自己有许多后续事情要做，但客户要做的事情就很少，甚至一件也没有。在这种情况下，这位销售员的干劲儿肯定比客户大。一位培训师可能以为，为客户把量身定制的培训方案写好，能够显示出他是多么周到体贴、专心致志、服务至上，可他忘记了一点：这样一来，客户对这个项目的参与热情大概就没他这么高了。

可是，如果让潜在客户做出主动承诺并写下来是不现实的，这该怎么办？或者说，有些会议需要许多人参加，各小组的任务不宜公开，或者指派某一个人承担全部的职责是不公平的，这该怎么办？在这种情况下，比较好的做法是，你自己把所有的行动计划记录下来，然后分发给众人，但在电子邮件的顶头一定要加上一句简短却非常重要的话：请收件人回复一个简单的“好的”，作为确认。这样一来，你发出的这份记录就能够如实反映出他们**确实明白**，下一步行动也就好办多了。

但有些时候，无论我们如何尽力，也还是没能说服对方。这种情况下，还有哪些与承诺和一致原理相关的小改变可以做？

CHAPTER 09

承诺要行动，要公开

我们前一本书《如何让人点头称是》的读者（现在大概超出50万人了吧）应该对下面这一系列的研究很熟悉：我们中的两人与同事弗拉达斯·格里斯基威舍斯对酒店常用的、建议客人重复使用毛巾的环保倡议卡上的措辞做了些许调整，结果这个小小的改变对客人的行为带来了很大的影响。（即当我们在卡片上诚实地指出“先前大多数客人都会重复使用毛巾”之后，毛巾重复使用率升高了26%。）

鉴于成千上万的酒店常客都对这种小卡片非常熟悉，所以每当我们在工作坊和演讲中提到这些研究时，就会激起大量的讨论。有时，有人会问酒店管理者还能用哪些方法来倡导客人们重复使用毛巾和床单。例如，要是在客人还没有进到房间之前，比如在办理入住的时候就请他们做一个小小的承诺，会不会有助于环保呢？

另一组研究说服现象的科学家们已经做了一模一样的实验。他们发现，单是在办理入住时请客人们做一个貌似很小的承诺，就能带来相当大的改变——不仅能够提高毛巾床单的重复使用率，还能让客人们做出其他有助于环保的举动。

研究者凯蒂·巴卡－莫特斯（Katie Baca-Motes）和同事们在加利福尼亚州的一家人气酒店里进行了为期一个月的实验。酒店请客人在办理入住时做一个与环保有关的小承诺：有些情况下，这个承诺比较宽泛，客人要在一个“愿意在入住期间保护环境”的选项前打钩儿。另一些情况下，这个承诺更为具体明确，比如“愿意在入住期间重复使用毛巾”。

除了做出宽泛或具体的承诺之外，有些客人还可以得到一个写着“地球之友”的别针徽章。作为对照，另一组在办理入住时无须做出环保承诺的客人也得到了这种徽章。

最后，另一个对照组以正常模式办理了入住：没有拿到徽章，也无须做出任何承诺。

结果如何呢？

研究人员首先看的是有多少比例的客人愿意许下承诺。结果这个数字非常高。在拿到宽泛承诺的客人中，有98%的人都答应了；尽管拿到具体承诺的客人愿意勾选的比例较低些，但结果也令人印象深刻：比率是83%。因此，初步看去，当你想要劝说某人许下承诺时，请他做一个较为宽泛（而不是更为具体）的承诺，你的成功概率会比较大。

当然，这就引出了另一个问题。哪一个承诺更容易落实为行动呢？是宽泛的，还是具体的？

研究者们发现，在办理入住时做出更加具体的承诺的客人，比那些做出宽泛承诺的更有可能重复使用毛巾（66% VS 61%）。更为有趣的是，那些做出具体承诺，即愿意重复使用毛巾的客人也更有可能做出其他一些与承诺相一致的环保行为。例如，他们更加有可能在离开房间时关灯，在办理退房时关上空调和电视。这个发现多少有点儿违背直觉，毕竟，咱们都很容易认为，比起那些只答应要重复使用毛巾的人，许下更为宽泛的环保承诺的人应该会做出更多有利于环保的事情吧。

此处的“四两拨千斤”启示是什么？任何一个想劝说他人做出多重并互相关联的行为改变的人，可以通过一个简单的两步法把成果最大化。第一步，确保最初的承诺是具体明确的。第二步，确保在实践该承诺的环境中，放置一个“提示”，这个提示应该完全符合第一步中的具体承诺，并且能够引发出另外一些与此承诺相关的、符合你期望的行为。

咱们来看一个例子。比如说，你是个办公室经理，你面对的问题是不仅要倡导员工更加积极地回收利用物品，还要降低办公室的总能耗。上述发现，你应该首先请员工们做出一个针对某项行为的具体承诺（比如每天晚上下班后把废纸放进回收纸篓）。然后，你应该在一个能够提醒大家节约能源的地方放上一个“提示”（比如把回收纸篓放在电灯开关的附近）。这样做很可能会有一箭双雕的效果。如果你把一张写着“勿忘环保承诺，请随手关灯”的小卡片放在灯旁边，还能进一步取得更好的效果。你在下一章中会看到，这额外的一步是非常重要的。

现在，咱们看看那些拿到徽章的酒店客人怎样了。正如你所料，比起只做了承诺的客人，那些做出承诺并得到徽章的人更加有可能重复使用毛巾。在入住期间，他们也最有可能做出其他一些有利于环保的行为，这说明一个小小的徽章起到了两个重要作用：它既能提醒佩戴人遵守承诺，也是在向别人宣告，这个佩戴徽章的人许下了承诺。这个徽章的效果对慈善事业是个很有用的提醒，单是鼓励人们捐助善款是不够的，还应该给他们提供某种可以公开展示、标志着他们的许诺的东西，比如胸章，窗卡，或是汽车保险杠贴纸。

但是，那些**没有**先许诺就被硬塞了一枚徽章的酒店客人呢？在所有人中，他们是最不愿重复使用毛巾的，事实上，这批人重复使用毛巾的比例比根本没参加研究的普通客人还要低。

这个结果与先前的研究是一致的。先前的研究一次又一次地显示，如果你想让人们把承诺切实付诸行动，那就需要做出承诺的那个人主动负起责任来。当酒店客人被硬塞了一个徽章的时候，他们显然对环保行动没什么责任感。结果往往适得其反。

事实上，在兑现承诺这件事上，还有两点也很关键：这个承诺是否以行动为导向；该组织或个人做承诺时的公开程度如何。当酒店员工把徽章塞给客人的时候，他们扼杀了让客人主动采取行动的机会，客人也失去了公开做出承诺的机会。正是因为这个双重的错误，导致了糟糕的结果。

当然，企业不大可能只希望影响组织外部的人，比如顾客和客户。总有些时候，他们也需要说服内部的人员（比如员工和同事）改变行为。

上面这个酒店案例正是这样：即便是客人表示他们希望重复使用

毛巾，收拾客房的员工也常常把毛巾给换掉。可是，说服员工适时更换毛巾的最佳方法或许与说服客人重复使用毛巾的方法一模一样——具体说来就是，酒店经理应当先让员工们主动做一个小小的承诺，比如询问负责整理客房的员工，他们认为酒店员工听从客人吩咐有多么重要。一旦这一步完成了，经理就可以继续指出，客房部员工证明自己听从客人吩咐的一个表现就是，当客人表示愿意重复使用毛巾时，就把毛巾挂回原处。当然，酒店经理不应该命令客房部的员工把写有“我们倾听客人的声音”的徽章挂在胸前，而是应当给他们提供一个主动佩戴它的机会。

谁知道呢？他们这样做了之后，没准还会在离开房间时顺手把灯也关了呢。

CHAPTER

10

“心安理得”效应

你会尽最大努力来回收利用物品吗？或许你所在的公司实行环保政策，倡导员工们少用纸张并尽可能地回收利用。这样的公司肯定不会只有一家。越来越多的组织和团体都逐渐意识到回收利用的好处，这是保护自然资源的方式之一。

但是，这些本意是想说服人们回收利用的方法会不会适得其反，导致自然资源的消耗量反而增多？研究说服科学的学者们认为，在某种情况下，的确会出现这种事与愿违的现象。这不仅对办公室的环保政策有重要影响，对你要做的更加宽泛的影响行为也很有意义。

影响行为极少发生在“真空”环境中，如果只关注某个单一行为，很可能会导致出乎意料的、甚至是适得其反的结果。从日常生活中你或许就能找到例子。在跑步机上多跑了10分钟，你感到自己仿佛变得更加苗条了一点儿，所以早晨喝咖啡时就心安理得地吃一个香喷喷的麦芬蛋糕吧。午餐时选了健康沙拉，你或许就会理直气壮地要个甜点，最起码，吃完饭回办公室时你就会坐电梯上楼，而不是爬楼梯了。

行为科学家杰西·卡特林（Jesse Catlin）和王怡同（Yitong Wang）想知道，这个“心安理得效应”——采取了一个积极的行为之后，人就会心安理得地松懈下来，不再去做另一个积极行为——是否也会发生在环保行为方面。例如，放置回收利用纸篓的本意是鼓励人们把擦手纸扔对地方，方便纸张的回收利用，但它会不会反而导致人们使用了更多纸张？

为了验证这个想法，研究者们设计了两个实验。在第一个实验中，受试者得知他们要评估一个新品牌剪刀的质量。评估的一个环节是，他们拿到了将近200张白纸，然后测试这些剪刀是否能锋利地把纸剪出几何形状（例如三角形和方形）。一半受试者所在的房间里没有放置任何回收装置，只有一个垃圾桶。另一半受试者所在的房间里除了有普通的垃圾桶之外，还有一个带有回收标记的纸篓。关于几何形状的大小或可以用掉多少纸张，受试者没有得到任何具体的操作指示。相反，他们只是得到了简单的指令：把所有的碎纸都收拾干净并扔掉。然后，他们填写了一张“绿色态度”的调查表，表格中询问了他们对环保的看法和态度。

实验结果令人惊讶。有回收设施的屋子里的受试者用掉的纸张几乎比没有回收设施的那组多出三倍。有趣的是，多用纸的现象与受试者事后测出的“绿色态度”是否积极并无关联。

所以，这第一个实验清楚地证明了“心安理得效应”的确存在。回收设施的出现导致人们用掉了更多的纸张。不过这种实验有一个潜在的漏洞，那就是它是在实验室环境下进行的，结果或许不能反映真实世界的状况。因此，卡特林和王怡同把研究搬到了大学实验室外面，挪到了……男洗手间里！

开始做实验之前，他们先是统计了15天内这个男洗手间里卫生纸的消耗量，计算出平均每天要用掉多少张卫生纸。这一步完成之后，他们就把一个很大的回收纸篓放在洗手池边，指示牌上写着，这个洗手间参与了一个卫生纸回收计划，放进这个纸篓里的卫生纸都会被回收。接下来的15天里，他们继续统计卫生纸的用量。

结果与实验室里的一样，放置回收纸篓之后，卫生纸的消耗量增加了，平均每人多用了半张纸。乍一看，这个不起眼的增量似乎算不得什么。可是，鉴于每个工作日里会有一百多人次使用这个洗手间，用纸量的增加就有了实实在在的意义：单是这一个洗手间，每年多消耗掉的卫生纸就有12 500张。回收设施的出现反而导致了用纸量增加，而不是减少，而且数字相当惊人！

这是怎么回事？一个可能的解释是内疚心理。也就是说，如果人们在使用和丢弃产品时产生了内疚心理，那么通过回收利用的行为，他们就可以减轻这种因过度消费而产生的负面情绪。当然，负面情绪的减轻使得他们心安理得地用掉更多纸张，因为过度的消费可以被回收弥补。

或许，回收设施的出现成了一个简单的辩护理由。或许人们心想："嘿，如果这纸能回收利用，那我多用一点儿也没关系嘛。"

先不去考虑是什么心理机制让人们心安理得，有一点是非常清楚的：倡导人们采取对环保有利的行为时，虽然提供便利的环保设施是至关重要的，但仅有这一点还不足以取得想要的结果，特别是在使用者不花成本或只花少量成本的情况下。在回收擦手纸的例子中，显然就是这种情况，你在办公室里倡导同事们更加注重环保的时候，大概也是如此。

举个例子。试想，你很“幸运”地自愿成为办公室里的“环保先锋”，现在你有了一个不那么惹人艳羡的挑战：说服同事们少用点儿纸张，把用过的纸回收利用，然后再采取一些环保举动，比如离开大楼时把灯关上。再多想象一点儿，相应的设施已经有了，标记着回收利用的垃圾桶已经放进了办公楼，灯泡也都换成了节能灯。你已经知道这些设施虽然必不可少，但它们也可能会造成始料未及的后果，即让同事们心安理得地用掉更多资源，而不是厉行节约。你知道，应该多采取一些额外的小步骤来抵消任何潜在的“心安理得效应”。你该怎么做呢?

第一步就是在物品回收处和电灯开关旁边加上一个提醒，告诉大家，虽然回收利用对环保有好处，但少消耗资源的好处更多。这样做与最近兴起的研究是一致的，也就是说，人们往往都很清楚回收利用的好处，但对回收的成本就没那么了解了。

另一步就是运用承诺和一致原理，把大家先前所做的环保承诺亮出来。更好的做法是，你在实施这个环保行动之前，就可以请大家做出一些小承诺。还记得第九章里提到的酒店研究吧，客人在办理入住时先签个承诺书，这不仅能提高毛巾和床单的重复使用率，还能让客人们在离开房间时更容易记得关灯和关电视。这就是一个“正向溢出效应”（positive spillover effect）[1]的例子。

1　即事物一个方面的发展带动了该事物其他方面的发展。——译者注

行为改变的第一要义是“创造条件，让改变做起来容易一点儿”。本章中的研究提出了一个警告：提供一些让改变做起来容易一点儿的设施固然重要，但这还不够。影响力高手总是会把潜在的“心安理得效应”考虑进去，并采取一些简单的小步骤来抵消它们的作用。

CHAPTER 11

如何为员工鼓劲儿加油

即便是对最优秀的管理者来说，为员工鼓劲儿加油也不是件容易的事情。幸运的是，许多经理人都有一个“激励工具箱”，里头放着各种各样的工具。例如，一个较为常见的、提高员工积极性的做法是实行多劳多得的政策，生产力高的员工拿的钱就多。变通的方法是推行利润共享制度，从总体上提升大家的士气。再或者，管理者可以嘉奖最优秀的员工，提供大家想要的奖品，比如iPhone（苹果手机）、周末休假，甚至是与CEO（首席执行官）共进午餐的机会。

尽管这些方法都可能挺有用，但它们也有负面影响。例如，金钱激励容易变成一个参考点，人们在将来会拿它做参照。某位员工在这次拿到了奖金，那他很可能会期望下次也会得到，万一得不到了，他的干劲儿就会减弱。金钱上的激励有时也会侵蚀内在的积极性。但是，此类激励方法的最大缺点在于一个简单的事实：成本昂贵。

然而，行为科学研究表明，往你的激励“菜谱”

中添加一个成分，就能提升效果，而且还无需成本。更重要的是，这个改变非常小，准备时间只需5分钟。

还记得我们在第六章中提到的沃顿商学院教授亚当·格兰特吗？他认为，员工没能把最大的潜力发挥出来，往往是因为少了一个基本的因素：他们忘记了这份工作的意义和重要性。格兰特认为，如果有人能提醒员工，他们的工作是多么重要，他们可能就会更有干劲儿，进而变得更有生产力。

为了测试这个想法，他在一所大学的呼叫中心里展开了研究。这些员工的任务是给校友打电话，劝说他们为学校的奖学金捐款。格兰特先是把呼叫中心的员工随机分成三组。第一组员工阅读了其他一些员工写的文章，内容是在他们看来这份工作能给个人带来什么好处。一般来说，他们会写到金钱报酬，以及这份工作提高了自己的技能，扩大了知识面之类的。格兰特把这个小组称作“个人好处”组。

第二组员工读到的故事是学生们写的，这些学生都曾经从这个筹款活动中受益。学生们写道，奖学金对他们的人生有着无比积极的影响，他们因此可以去追求珍贵的梦想和目标，如果没有奖学金，这一切都是不可能的。格兰特把这个组叫作“伟大意义”组。

第三组没有阅读任何文章，他们是对照组。格兰特对比了员工们在研究开始一周前与一个月之后募集到的捐款笔数与总金额。

他的发现令人吃惊。

无论是看捐款笔数还是总金额，“个人好处”组与对照组的业绩在干预前后几乎没什么变化。然而，“伟大意义”组在干预之后筹集到的捐款笔数升高了一倍多，从平均每周9笔提升到23笔。捐款的金额也提升了一倍多，从平均每周1 288美元增加到3 130美元。

那么，这个方法为什么能取得如此显著的成效？进一步的分析显示，业绩提升主要是因为这些先前干劲儿不太足的员工在这些感人的故事中认识到了自己的价值，因此变得精神抖擞。由于充满了干劲儿，他们每个小时打出了更多电话，与更多人交谈，因此也就募集到了更多捐款。

对想要激励他人的人来说，这个研究结果非常富有启发性。无论是在私企，还是在公共部门或社会企业，几乎每份工作都有自己的意义和重要性。管理者应当做出的小改变就是，要采取一些行动，确保员工们不会忘记工作的意义。

这些行动的步骤是什么？客户们总会从某位员工那儿得到帮助，或是从产品或服务中受益，如果企业没有定期收集这方面的故事和感言，我们的建议是现在就开始吧。对于那些已经这么做了的企业，“四两拨千斤”的做法就是把这些故事在公告板上张贴出来。或者，与其指望员工们主动去看，还不如把这些故事分发给员工。就像亚当·格兰特让呼叫中心的员工阅读工作价值故事一样，团队领导者和主管应该在每次员工会议开始时都回顾一个精彩完成工作、让客户满意的故事。鉴于我们在前文中讨论过的承诺原理，与其让经理来宣读这类故事，效果更好的做法是请团队成员挑选出自己最喜欢的故事，并当着同事们大声读出来。

聪明的管理者可以做的另一个改变是把客户请过来现身说法，让员工们亲耳听到客户的声音。如今，拜Skype和FaceTime这样的科技手段所赐，客户甚至不必亲临现场，身处艾奥瓦州埃姆斯的员工就可以轻而易举地看到自己的工作和产品为肯尼亚内罗毕的客户们带来的影响。亚当·格兰特在研究中得到的进一步发现证实了这个做法的好处：当呼叫中心的员工有机会跟拿到奖学金的学生们见面并听到他们的故事时，员工们的干劲儿和业绩都进一步提高了。

这个“四两拨千斤”的方法还可以用在很多地方。例如，制药公司可以安排患者来讲述公司的药品对他们的人生起到了多么大的帮助，借此让销售代表们重新意识到这份工作的重大意义。如果社工和家庭护理人员能够亲耳听到他们给人们的生活带来了多少改变，他们也会感到更加欣慰。

最后，格兰特讲起了在那个呼叫中心做研究时发生的一个故事：他在某位员工的桌子上瞧见了一句悲哀的口号，上面写着：“在这个地方做出漂亮活儿，就好比穿着黑边西装时尿湿了裤子。你自己觉得热乎乎的，别人却一点儿不知道。”或许，这就是管理者能做的最微小的改变了——看到员工业绩出色时，简单说一句“干得漂亮”吧。

CHAPTER

12

如何避开决策陷阱

1973年，时任美国广播公司（ABC）副总裁的巴里·迪勒（Barry Diller）还是黄金时段节目的负责人，他打破了一个纪录：以330万美元的天价买下了电影《波塞冬号历险记》（*The Poseidon Adventure*）的电视播放权。

单是这个巨额数字就够引人侧目的了（这笔钱在今天大约为 1 530万美元），但更让人惊愕的是，就在迪勒拿起笔签合同的那一刻，他已经心知肚明——这笔交易，他起码得损失100万美元。

这笔钱比他该付、想付、甚至需要付的还要多。那么，是什么原因让一个拥有多年行业经验的资深管理者做出了这个决定？轮到你谈判的时候，有哪些小改变可以帮助你避免犯下类似的错误？

咱们先暂且离开20世纪70年代的电视行业，到另一个完全不同的环境里转转——当今的商学院。哈佛商学院教授马克斯·巴泽曼（Max Bazerman）在他谈判课的第一天都会做一个有趣的实验：从钱包里抽出一张20美元的纸币来拍卖。只要遵守两条原则，任何人都能参与拍卖：价格以1美元递增；第二名要受惩罚，罚金就是他最后的出价，而且什么都得不到。拍卖一开始，学生们的手都迅速举了起来，因为大家都想抓住这个捡便宜的机会。“模式总是一样的，” 巴泽曼说，“拍卖很快就白热化了。”可是，有趣的事情随即发生了。

等出价到了14～16美元之间，竞拍者全都突然意识到，自己并不是唯一想捡便宜的人。大家都飞快地退缩了，胳膊放了下来，手塞到了口袋里，只剩下两个出价最高的人还在继续。到了这个关口，真正有趣的现象出现了。在不知不觉的情况下，余下的两个竞拍人被锁定在了一个新游戏里。这两人不是要争着获胜，而是抢着别输。

任何一个局外人都很清楚，竞拍者们应当在拍卖失控前赶紧止损。可他们很少这么做。巴泽曼说他做过两百多次这样的拍卖游戏，只有一次是在20美元之前止步的。有时候一张20美元的纸币能卖出100美元，还有一次卖出了破纪录的204美元。

这是怎么回事？看来，在巴泽曼的拍卖中有两个说服因素联合起来影响了竞拍者的行为。第一个是承诺和一致原理，也就是说，一旦某人做出了一个哪怕是很小的承诺，他也会迫于内心和外部的压力，做出与这个承诺相一致的行为。在这个拍卖游戏中，我们很容易看到，参与拍卖的成本只需1美元，这个承诺足够微小，以至于绝大多数人都愿意试试。这就难怪有那么多人都举起了手。拍卖中的价格增幅也很小，进一步燃起了竞拍人保持一致的欲望。就好像他们对自己说：“我已经拿出了1美元，这不过是个小数，所以再添1美元也没什么大不了。”当然，事态很快就明朗起来，很多人都参与了拍卖，而且大家都在竞争同一个稀缺资源（要记住，只有一个人可以成功地拍到那张20美元的钞票），此时第二个说服因素开始起作用：赢的欲望没那么大了，不能输的念头占了上风。

ABC的迪勒之所以失手，正是因为这个。他知道对手电视台也有意竞买那部电影的播放权，而且他已经投入了那么多时间和资源，更不用说还有名声问题，所以迪勒只能朝着一个方向走去。拍卖价格不停地往上抬，很快就过了盈亏平衡点，投入反而是往外扔钱了。

迪勒的故事反映出了一个陷阱，不少好胜心很强的谈判者都容易掉进去——这就是所谓“逐步升级的承诺”，这种现象不局限于个人行为。就在迪勒主持那次谈判的同期，长岛电力公司（Long Island Lighting Company）正打算为它7000万美元的核电厂揭幕。然而，由于一系列的严重超支，尽管这个核电厂不可能盈利的证据明摆在眼前，这家公司还是过了10年才终止了这个项目——彼时，他们的成本已经飙升到了60多亿美元！

人们认识到“逐步升级的承诺”很容易导致糟糕的结果，并且有可能损失金钱和资源，因此许多人会想些办法来减弱它的影响。最常见的一个方法就是让一个人做出谈判决策，再让另一个人去负责执行谈判。例如，一家公司想买一套新的电脑软件系统，那么管理层可以委派一个决策人负责挑选这个新系统，一旦决定做好，就派另一个人去负责购买谈判。这个方法的用意是，把决策者和谈判者的角色分开，承诺升级以及财务上的风险就可以规避了。

理论上看，这个方法挺不错，但有时候依然不起作用，这是出于一个非常简单却时常被人忽略的原因。虽然把决策者和谈判者分开的办法确实切断了看得见的实体联系，可看不见的心理联系却依然存在。这就引出了一个有趣的问题。会不会只是因为跟决策者之间有着某种联系，谈判者就会把自己套进决策者的承诺里去呢？如果这种现象真的存在，谈判结果会不会与巴里·迪勒和马克斯·巴泽曼的学生们一样？

为了测试这个想法，社会科学家布赖恩·古尼亚（Brian Gunia）、尼罗·西瓦内森（Niro Sivanathan）和亚当·加林斯基（Adam Galinsky）设计了一系列研究。在实验中，受试者先是阅读了一位财务副总的解释报告——他决定把500万美元投给公司的消费品部门。受试者还得知，在过去5年内，这个部门的表现比另一个没有拿到拨款的部门糟糕得多。工作人员随后请受试者们想象自己被任命为公司的新副总，要决定1000万美元的分配去向。然而，在做决策之前，一半人需要花几分钟做做“换位思考”，想一想原先那位副总做那个决策时的感受和想法。另一半人则被简单地告知，只需要客观地做决定就行，完全不用考虑那位副总的想法。

结果显示，那些做了换位思考的受试者不仅受到了原先糟糕决策的影响，他们还更有可能把原来的承诺进一步升级——他们拨给业绩不好的那个部门的资金比对照组要多出40%。或许最有趣的是，这个实验是有奖励的：如果受试者做出的决策能够带来最好的财务效益，他们就能得到50美元现金。尽管如此，上述现象还是发生了。

但是，先等等。在当今这个步调迅速、竞争纷起的商业社会里，能把自己的事情想清楚就不错了，更别说换位思考、去体会他人的想法了。因此，负责做决策的经理人和负责谈判的买手或许可以长舒一口气，他们尽可以放心——如果没有非常深刻的联系的话，他们的工作表现不大可能受到过度影响。

可是，进一步研究表明，这事还真不能放心。事实上，研究者们发现了证据：哪怕是看上去毫无意义的联系，比如生日是同一个月份，或是在同一年毕业，都足以让人被他人的承诺“锁住”。

那么，有哪些小改变可以防止你掉进陷阱，不会受到他人承诺的影响？试想，你管理着公司的采购部门，率领着一群谈判人员和买手。上述研究结果显示，你应该谨慎选择谈判小组的成员，把他们跟你要为之做采购的那个部门里的人之间的关联降至最低。

经理人还应该举一反三地运用这些研究结果。例如，如果你打算提拔销售团队里一个业绩一直都非常出色的员工当销售经理，那么，此人与原先那个销售经理之间的关联可能会让他延续原先的、而你本打算终止的决策和做法。话又说回来，如果你希望原先那个销售经理的做法能持续下去，那么这个人就是非常合适的人选。

当然，轮到你自己参加谈判和做决定的时候，一定要意识到这些能够左右行为和决策的、虽小却威力强大的影响因素。遵从这些原则行事，或许就足以帮你躲开 “波塞冬号”式的险境，让业务之船不至于沉没。例如，斯坦福商学院的杰弗瑞·普费弗（Jeffrey Pfeffer）主持的研究表明，如果你在组织中负责某个项目的执行，那你最好把评估它成功与否的工作交给组织里的其他人来做。这是因为你很容易过高地估计该项目的价值——有时候高估的程度会很惊人。此外，评估人跟你之间的联系越少，他或她的客观程度就会越高。

CHAPTER

13

巧用“执行意向”

当我们努力去说服别人采取行动时，一句“好的”大概是最悦耳的声音了。可是，单是让人说一句“好的”，往往还不足以把事情做成。答应下来却拖着不做就是典型的例子。许多人都有这样的经历：某个同事明明已经答应要帮忙了，“没问题，下周的会议上我把提案给你带来”，或者是“当然，我会把报告发给你的”，要么就是“交给我吧，我很乐意帮你联系那个新来的副总”，但说完之后，却迟迟不见动静。或许这并不是因为人家光说不练（起码你希望不是如此），而是因为有太多的事情在竞相争抢他们的注意力。他们答应了你，但没有时间做。

幸运的是，说服科学给出了一个非常简单却经常被人忽视的方法，可以让人们说到做到：让他们做一个具体的计划，说说他们打算在何时、何地、准备如何执行这件事。行为科学家把这种计划叫作“执行意向”（implementation intention）。

研究人员戴维·尼克森（David Nickerson）和托德·罗杰斯（Todd Rogers）所做的一系列研究清楚地

证明，一个小小的、帮助人们产生执行意向的额外动作，就可以产生显著的效果。他们想知道，如果让选民做一个“在大选日如何前往投票站”的计划，是否能影响他们的投票行为。为了回答这个问题，他们带着几套不同的动员信，拜访了一大批2008年总统大选中符合资格的选民。

第一套是“标准版”，提醒人们大选即将来临，而且投票是一项重要的责任，借此鼓励人们前去投票。第二套是“自我预测版”，内容与标准版一样，只是多了一个简单的问题，问人们愿不愿投票。这个版本依据的是先前的研究结果：请人们预测自己是否会参加一个被社会嘉许的活动，并鼓励他们说“是”，就会提升他们这样做的可能性，他们会感到自己应该采取行动。

第三套“投票计划版”与“自我预测版”的内容一模一样，只不过添加了三个问题，让愿意投票的人做个计划。这些问题是：“你会在什么时间投票？”“你会从哪儿出发？”“你预先会做些什么？”这几个问题的用意是，通过回答这些具体问题，投票人更容易制订出一个投票当天所有活动的具体计划，这样一来，他们就更容易按计划行动了。最后，实验里还设有一个对照组，他们与研究人员没有任何接触。

研究人员意识到，如果在选举结束后请选民报告他们有没有投票，得到的结果可能会带有偏见，导致数据不准，因此他们检查了官方的选举记录，来统计谁最终投了票，谁没有。结果清楚地显示出，最有效的就是“投票计划版”，选民的实到率比对照组高出4个百分点。而且，研究者发现，对于家中只有一名合格投票人的情况，这个版本的说服力最大，实到率高出了9.1%。

尽管有可能的解释很多，但证据表明，下面这个解释十分合理：比起只有一个合格投票人的家庭，有好几个合格投票人的家庭更容易自动自发地拟订投票计划，因为他们需要协调的事项更多。这就说明，当外部力量提出制订计划的请求时，只有一人投票的家庭比多人投票的家庭更可能实现。

这项研究清楚地显示出，听到“好的”二字，往往只意味着说服的开始，而不是结束。为了让人们尽可能地说到做到，多问几个具体的问题——他们打算如何履行承诺——是十分必要的。

这个方法并不是说，你要把细枝末节都问个清楚，或是要做一个十分苛刻的计划。事实上，这些问题可以很简单，与一些小细节或任务的某些具体方面搭上关系就可以了。例如，瘦身俱乐部的组长可以在每次活动结束后，请组员们都说说下次准备怎么过来，准备几点钟下班，有没有安排人去照看孩子等等。她甚至还可以跟大家共享这些计划，这样做有两个好处：计划公开了（充分利用了承诺和一致原理），成员们还可以了解到一些能帮助他们遵守承诺的信息，比如两个成员发现她们住得挺近，以后可以一起来锻炼。

公司员工需要邀请其他部门同事参加周会的时候，可以稍稍改换一下提问方式，提高大家的工作效率。只需把平常的问题做个小小的调整就可以了：以前是“这周三下午4点钟，你能来开会吗？”现在改成“这周三下午4点开会之前你打算做什么？”

稍稍改换一下提问方式，就能带来很大的变化，一项旨在帮助人们重新就业的研究也证明了这一点。到职业介绍中心去找工作的人通常都会被询问，在过去的两周内他们为找工作做了哪些事情。研究人员把问法改了一下，把他们的注意力引导到了未来的执行意向上：“在接下来的两周之内，你会做些什么来帮自己找到工作呢？”这项研究是隶属于英国政府的“行为洞察组”主导的，为“小改变，大影响”提供了一个绝佳的范例。在为期三个月的研究期间，回答执行意向问题的那一组中，13周后领取失业救济金的人数比回答了标准问题的对照组少了20%。

这个说服策略也用在了另一个相当重要的行为上：打防疫针。行为科学家凯瑟琳·米尔克曼（Katherine Milkman）和同事们在一家可以免费为员工注射流感疫苗的大型公司里展开了一项研究。在这个实验中，所有可以打疫苗的员工都收到了一封提醒信件，让他们到公司的诊所去接种流感疫苗，信中还写有日期和几个诊所的地址。但提醒信有两个版本。第一个版本中，员工需要写下他们准备去打疫苗的日期。第二个版本跟第一个很相似，但它把执行意向又往前推进了一步：它不仅要求收信人写下日期，还要写出具体时间。研究者发现，只写日期的那一组员工，实际接种疫苗的比率比标准对照组高出1.5个百分点；而计划更为具体的那一组，也就是既写日期又写时间的那一组，实际接种的比率高出了4.2个百分点。

尽管这些百分比看起来并不高，但是想想看，在一个大型跨国公司中，两种结果的差距该有多大：接种疫苗不但会让这些员工免于染上流感，还避免了病菌在办公室内传播、感染他人。而且，这项研究特别有趣的地方在于，它不像我们上文中讲到的那些情况，这些公司职员是在私下里表明态度的（在这个例子中，是写下日期和时间）。

在前面讲到的那些试验里，我们都会倡导受试者把承诺公开。这项研究表明，即便是私下里的承诺也照样有效，足见这个说服策略是多么强大。

CHAPTER

14

推迟一点儿会更好

有时候，无论我们多么用心良苦，无论我们对高效说服他人的技巧掌握得多么娴熟，结果还是有可能失败。当我们试图说服别人去做一些他们**“应该做”**却未必**“愿意做”**的事情的时候，本来挺好用的影响策略却不起作用了，这里面的原因可能有几十个。不管你想让他们做的是什么，比如支持你心爱的慈善事业、吃得更健康一点儿、放弃现在的供货商，改成跟你做生意，或者只是接受一种新的工作方法，没能成功说服他们的一个最常见的（也是最简单的）原因就是：人们知道应该改变自己的行为，只是不想**“现在”**就做。

丹·吉尔伯特（Dan Gilbert）、雅科夫·特罗普（Yaacov Trope）、妮娜·利伯曼（Nira Liberman）等社会心理学家所做的研究显示，“不远的将来”和“遥远的未来”在人们心目中的感觉是不一样的。想到离眼前不远的事，人们会想得十分具体，可是，想到那些在很久以后才会发生的事，人们更容易把它想得更为抽象。例如，如果你想请同事们在某个周末去当地收容所里做一次义工服务，那么，是这个周末就去，还是8个月后的某个周末再去，他们的反应很可能大不一样。如果你希望他们这个周末就去，他们的关注点很可能会放在某些具体的代价上，比如，去做义工就没法去购物了，或者ESPN体育频道的那场重要赛事就看不成了，再不然，就是没法睡懒觉了。

但是，如果你希望大家8个月之后的某个周末再去，他们就更有可能从更为宽泛的层面上评估你的请求，例如这个请求与他们的总体价值观、道德观和意识形态有何关联。因此，他们不大会去想**“愿不愿做”**的问题，而是更容易问自己**“应不应该做”**。当他们发现，伸出援手的义工行为符合自己的价值观的时候，他们就会更容易答应你的请求，并且遵守承诺。

行为科学家托德·罗杰斯与马克斯·巴泽曼把这个承诺策略叫作“未来绑定法”，想要运用它，你需要对惯常的做法来一个微小的、却很重要的调整：当你想要说服他人接受某个改变的时候，不要让他们立即就改，而是把改变放到未来的某个时段——当然，前提是这个改变对他们有好处，而且符合他们的价值观。为了证明这个小调整是否有效，研究者们请受试者们考虑一份提案：为了控制石油的消耗量，每加仑（约3.7升）的油价应当上涨20美分。但是，一半受试者看到的提案是“这项政策应该立即执行”，另一半的受试者看到的则是“应当在4年后执行”。看到立即执行的那一组中，只有26%的人支持提案；而4年后执行的那一组中，有更多的人（40%以上）愿意支持油价上涨。同一组研究者还在其他一些领域开展了这样的实验，比如慈善捐助和健康生活方面，都得到了相似的结果。

行为经济学家已经在另一个重要领域内证实了这个方法的有效性：为未来而储蓄。《助推》（*Nudge*）一书的作者之一理查德·泰勒（Richard Thaler）与同事施罗默·贝纳茨（Shlomo Benartzi）做出了最强有力的证明：这个方法能够极大程度地提高人们对401（k）养老金计划的参与度。他们发起了“明天多存点儿”的活动，而不是号召上班族立即参与：他们请上班族把日后加薪的一部分存入养老金。尽管导致这个项目成功的因素有很多，但一个核心原因就是，它成功地把人们对养老金计划的看法从具体的代价（“以后我每个月的工资单上都要少一块钱了”）转变为更加抽象的看法——这个计划与他们的价值观相契合，而且能够帮助他们实现人生目标（“我应该这么做，因为它很重要，也是为了家人好”）。

这个研究成果表明，如果你希望别人马上改变某个行为，而且你确信会遭到拒绝，那么你就换个方式，让对方答应在未来的某个时段做出改变。这样你的胜算会更大。例如，假设你是一名管理者，需要说服员工们改用一个新的工作系统或流程，这对每个人都有好处。但是，由于之前推行的变革都没能如预期般成功，所以你估计这次也会遇上障碍。你可以做的一个小改变就是，开头的时候先让大家同意，在3个月之内做出改变。这样一来，比起让他们立即就改，你很可能会赢得更多先期的认同和支持，日后大家兑现承诺的可能性也会更大。

“未来绑定法”的另一个适用领域是购买公共服务，比如安装网络宽带、有线电视，还有手机资费。为了让顾客拿到最有吸引力的合同条款，供应商们往往要求他们立即参与为期一段时间的服务计划，比如18或24个月。看到这种即时生效的绑定合约，一些顾客可能会产生抗拒心理，因为他们的注意力已经放在了立即就会发生的具体成本上。然而，如果绑定条款在合同签订的3个月之后才生效，这不仅能在总体上减少顾客们的反对意见，对服务提供商也有好处：顾客多购买了3个月的服务。而且，由于顾客可以在头3个月里拥有灵活的决定权，可以评估自己对这项服务是否满意，所以人人都是赢家。

当然，我们也明白，在理想的世界里，最好就是1分钟也不要等。但在有些时候，就像我们偶尔对编辑大人们所说的那样，晚一点点显然比啥都没有强。

CHAPTER 15

为了将来的自己

每一天，我们都能看到以义务感和对他人的道德责任感为诉求点的说服信息。广告上说，为了家人，请买人寿保险。政客们说，为了国人，请买国货。环保人士说，为了下一代，请保护自然资源。我们的良心说，为了报答养育之恩，要好好照顾上了年纪的父母。显然，这一辈子我们要为各种各样的人做正确的事，可是，有没有这么一个人，是我们最应该为之考虑，为他做事的呢？

如果这个人就是将来的你呢？

学者克里斯托弗·布赖恩（Christopher Bryan）和哈尔·赫什菲尔德（Hal Hershfield）研究了这样一个假说：如果触动了人们对“将来的自己”的道德责任感，就可以说服他们去做一些长远上对他们有益的事情。

考虑到绝大多数人都没有存上足够的钱，好让自己有一个经济上安全无虞的未来，布赖恩和赫什菲尔德分析的一个具体行为就是为了退休而储蓄。为了验证他们的想法，这些学者研究了将近200名未曾积极参与退休计划的大学教职员工的行为。

参与这项研究的所有员工都收到了一条信息，内容是提醒他们参与退休储蓄的重要性，并强烈建议他们提高退休储蓄率。然而，根据随机的分组，受试者看到的信息里的最后一段话很不一样。

例如，“标准版未来利益”组的受试者看到的是这样一段话：“我们促请你认真考虑未来的利益，请你现在就开始多存一点儿钱。毕竟，你长远的福祉正岌岌可危。你现在的决策将决定退休时你有多少钱。”

而“为将来的自己负责”组看到的是：“我们促请你认真考虑，你需要为退休后的你负责，所以请你现在就开始多存一点儿钱。毕竟，‘将来的自己’过得好不好，全要仰仗现在的你。你现在的决策将决定将来的自己能拥有多少财务安全感。”

两周后，研究者们请大学的福利部门统计了有多少受试者在看过信息之后改变了退休储蓄率。比起“标准版未来利益”组，“为将来的自己负责”组的储蓄率提高了0.85个百分点。乍一看，这差异好似不算什么，但你想想看，如果一个30岁的男人，年薪45 485美元（按照全美中等水平估算），他把储蓄率从标准的5%提高到了5.85%。假设他后半辈子始终没涨过工资（极端保守的估算），在他65岁退休时，这个小小的数字增长就意味着他能多存下68 797美元。换个方式来理解的话，仅仅是因为他对“为将来的自己负责”的劝说策略做出了反应，他就能提早一年半退休！

这项研究表明，诉诸人们对未来自我的道德责任感，是一个强有力的影响策略。但需要注意的是，“为将来的自己负责”未必对每个人都有用。原来，人们对未来自我的距离感是因人而异的。也就是说，研究者们发现，对于那些对“将来的自己”没什么规划的人，上述两种信息的说服力度是一样的。这是不是意味着，当你倡导人们为了将来而制定财务规划时，需要把那批很关心未来自我的人挑选出来，并对两类人区别对待？其实是不需要的。虽然这个方法不见得适用于所有人，但事实是，对于那些对未来自我没什么规划的人来说，“为将来的自己负责”的说服效果也不比“标准版未来利益”差，所以，这个方法大概就是最好的通用策略了。

请人们考虑一下对“将来的自己”负有的道德责任感，这么一个小小的举动，就能在很大程度上影响到退休储蓄。财务顾问、人力资源经理和政策制定者应该很青睐这个做法。可是，有没有什么更好的办法，能让人们更加意识到“为了将来的自己好”的重要性呢？答案是有的：给他们看一张未来的照片，让他们看看自己将来会长成什么样儿。

在哈尔·赫什菲尔德和另外6名研究者主持的实验中，在参与研究之前，受试者们先要上传一张自己的近照。研究开始后，他们要在屏幕上标出自己愿意为退休基金存入多少钱。一半受试者面前的屏幕上会显示出自己的那张近照，而另一半受试者的屏幕上显示出的是经“年龄软件”处理过的、自己70岁时的模样。这个小小的改变造成了巨大的差异。“将来的自己”组中，平均储蓄率是收入的6.2%，而“现在的自己”组中，这个数字是4.4%。储蓄率提高了很多，纯粹是因为受试者从经过处理的照片中看到了将来的自己。

这里面的启示很明显。如果你希望某人做出改变，但他一时半会儿没法体会到改变的好处，那么你不仅应该指出他对未来的自己负有责任，还应该让他看到，未来的他会是什么模样。例如，想说服病人戒烟的医生就可以在网上找个免费的年龄处理软件，让病人看看抽烟是如何加速衰老的。

但是，如果你不大可能展示将来的照片，比如你想要劝说的是一大批人，丹尼尔·巴特尔斯（Daniel Bartels）和奥莱格·俄敏斯基（Oleg Urminsky）所做的补充研究指出了一个更加容易的方法。他们发现，沟通者可以使用一个简单的方法来帮助人们拉近“现在的我”和“未来的我”之间的距离：提醒大家，尽管生活中的某些方面会随着时间改变，但每个人的核心身份——他们最真实的自我——是始终不变的。

因此，当你想要借助内疚心理或某些复杂的激励手段来让人们改掉某些行为（比如说暴饮暴食或过度消费）的时候，简单地提醒人们与将来自我的联系，就能够帮助他们抵制诱惑，做出对长远更有益的抉择。

你或许会认为，这一章中推荐的做法看起来实在太不起眼了，不值得一试。但是，为了将来的你，至少可以尝试一下吧？看看这些新方法究竟会不会有效果！

CHAPTER

16

目标设得好，干劲儿会更足

1919年，在《堪萨斯城星报》（*Kansas City Star*）画政治漫画的沃尔特·迪士尼（Walt Disney）被解雇了，报纸编辑的话是："他不是太有创意。"

2012年，英国生物学家约翰·戈登爵士（Sir John Gurdon）因对生理学和药学的杰出贡献获得了诺贝尔奖。可当年他在伊顿公学的校长却在成绩单上这样写道："我相信戈登想当个科学家，可照他现在的表现看，这想法颇为荒谬。"

好莱坞有个传说，弗雷德·阿斯泰尔（Fred Astaire）[1]去雷电华影业（RKO Pictures）试镜时，一个制片经理把他刷了下来，理由是："（他）不会表演，不会唱歌，有秃顶迹象，会跳一点儿舞。"

令人欣慰的是，这些早期的挫折都没能阻拦他们追求自己的目标。上述三人全都获得了惊人的成就。

1　弗雷德·阿斯泰尔，美国著名歌手、舞蹈家、舞台剧演员，演出生涯长达76年，1950年获得奥斯卡终身成就奖，1999年被美国电影学会选为百年来最伟大的男演员第五名。——译者注

但有些时候，人们的确会分心，会忘记目标——不是未来的诺奖得主和好莱坞偶像心目中那种宏伟的、一辈子只有一次的、梦工厂式的目标，而是虽然小一点儿却依旧十分重要的、日常生活中的目标，比如多存一点儿钱，减掉几斤肉，还掉信用卡，或是达到这个月的销售目标。

人们往往需要重新拾起之前为自己设定的目标。同样，管理者、团队带头人、老师甚至是父母，有时候也需要帮助员工、学生和孩子鼓起干劲儿，再次为了原先的目标而努力。按常理，当我们为自己或他人设定新目标的时候，经验总是告诉我们，要把目标设定得非常具体。比如，每周减掉2磅（约1.8斤）体重，1小时跑6英里（约9.6公里），或是每个月存下100美元，作为来年的度假基金。但是，当我们说服自己或他人重拾目标的时候，这个常识是否正确呢？

营销学教授毛拉·斯科特（Maura Scott）和斯蒂芬·诺里斯（Stephen Nowlis）认为，虽然人们在直觉上感到，在首次制订目标时，应当把它量化为单一而具体的数字，但是，在重拾先前的目标时，这样做就未必最好了。相反，这两位学者认为，比起单一的具体数字［比如每周减掉3磅（约2.7斤）体重］，把目标改成一个上下浮动的数字范围［但平均值跟原先的数字一样，比如每周减掉2～4磅（约1.8斤～3.6斤）］，会更加有助于人们鼓起干劲儿，重新投入。

为了测试这个想法，研究者们构思了一系列实验，其中一个安排在一家健身俱乐部里。愿意参加为期10周的减肥项目的成员先是制订出一个减肥目标，随后被分成两组。比如，想在1周之内减掉2磅（约1.8斤）体重的成员，要么就分到“单一数字组”，目标是“本周减掉

2磅（约1.8斤）”，要么就被分到“浮动范围组”，目标是“本周减掉1～3磅（约1斤～2.7斤）”。

每周初，成员们会称体重，设定这一周的减肥目标，然后参加小组活动，学习健康生活的方法。到了第十周末尾，研究者们测量两组数据：首先是成员们的表现情况，以减掉多少体重为准；然后是继续参加后续10周减肥课程的意愿水平。虽然从减重效果上看，两组之间的区别不算太显著［在前3周，浮动范围组平均每人减掉了2.67磅（约2.4斤），单一数字组平均每人减掉了2.2磅（约2斤）］，但是，在“是否愿意继续参加为期10周的减肥课程”的问题上，两组人的态度呈现出了巨大差异：单一数字组中只有50%多点儿的人愿意继续参加，但浮动范围组中有将近80%的人都注册了后续课程，交了25美元的学费。

减肥俱乐部和健身中心的管理者应当注意了。尽管两组人减掉的体重差不太多，但每一个营养学家都会告诉我们，最重要的是持续减肥。既然持续某种行为的关键因素是帮助人们牢牢地记住目标，那么，这个小小的改变就足以造成巨大的影响。但它背后的原理是什么？

先前的研究证明，让人们实现目标的重要因素有两个：挑战性与可实现性。目标应当让人感到有充分的挑战性，因为这会让人产生成就感，但前提得是它有实现的可能。面对单一数字型的目标，人们不得不挑选一个相对容易达成的、相对有挑战性的数字，或者是两者之间的折中，而浮动范围型的目标把这两个因素都包含在内。简单地说，它之所以能够促使人们重拾目标，是因为它能让人把可实现性和挑战性这两方面的成就感都占全了。

沃尔特·迪士尼、弗雷德·阿斯泰尔和约翰·戈登爵士在最初受挫后依然取得了成功，显然这不单是因为某些小事见了效，比如改变了为自己制订目标的方式。要想成为诺贝尔奖得主，或是好莱坞的大明星，这都需要巨大的牺牲、艰苦的努力和研习，还要长年累月地呵护并培养自己的才华。这些都是大事情。

但是，正如我们在这本书中不断提到的，小事也很重要。

上述研究清楚地显示出，当我们想调动自己或他人的积极性的时候，把制订目标的方式做一个小小的改变，就能得到巨大的成效。好比说有个老师，想让一个最近总是在拼写测验里做不好的孩子重新鼓起学习的劲头儿，那他可以把明天的考试目标制订为10个词里拼对7～9个，而不是10个里对8个。如果呼叫中心的经理希望让员工充满干劲儿，维持较高的呼叫数量，那他可以做个试验：让一组员工使用单一数字型的目标，另一组使用浮动范围型的目标，然后看看这个小改动能带来多大差异。债务管理公司和储蓄公司会发现，如果让客户制订浮动范围型的还款（储蓄）目标，比如让客户每月还掉（存入）28～32美元，而不是每月固定30美元，客户就能更好地坚持这个还款（储蓄）计划。

这个帮助人们重拾目标的小改变对政策制定也有所帮助。在世界卫生组织（World Health Organization）的倡导下，美国、英国和德国等国家已经推行了“一日五份”的健康膳食计划，鼓励国民每天吃5份水果和蔬菜。出于各种原因，不少这样的项目只取得了有限的成功。而本章中这项研究指出，如果把“一日5份”的规定做个小小的调整（比如“一个月5份或者6份”），就有可能鼓励那些已经放弃的人们重新参与进来。

C H A P T E R

17

损失规避原则

在这个信息爆炸的世界里，就算当时没有意识到，我们的许多选择其实都是在“懒得选”的状态下做出的。政府的政策制定人，401（k）储蓄计划，还有汽车销售商等等都明白“默认选项”的强大力量，并利用它来影响我们的行为。

例如，如果雇主在表格中把“参加税收优惠的401（k）公司储蓄计划”列为默认选项，而不是主动勾选，同意参加的员工数目就会多出50%。如果“同意捐赠器官”是自动默认选项（除非某人特意声明不愿意），那么民众愿意捐赠并随身携带器官捐赠卡的人数就会高出4倍。许多网络营销公司也会运用这个手段，先把推广资讯发给你，除非你主动声明拒收。

由于“默认选项”符合我们的惯性，而不是与之抵触，所以它在影响人们的决策和行为方面是一个非常好用的工具。如果对默认设置做个小小的调整，就能让他们想也不想就做出改变，那还何必自找麻烦，让他们去想是否需要改变的问题？但是，虽然这个方法无处不在，力量也十分强大，但它也不是一点儿毛病都没有。

它的缺点之一就是，默认选项是被动的，而不是主动的。在前面的章节中我们已经看到，当我们想要说服他人遵守承诺时，被动的选择可能会引发问题。另一个缺点就是，默认选项最适合单一最佳选项的情况，如果我们想让别人在做决定之前多衡量几个选择，或者至少是根据他们的自身需求来量身订做选项，默认选项的方法就不适用了。

那么，我们是不是应该放弃它，换成其他更有效果的方法？显然不必。行为科学家们发现了几个小小的做法，无需耗费任何额外的时间成本和资源，就可以提升默认策略的效用。

研究人员普纳姆·凯勒（Punam Keller）和同事们经过一系列的研究后发现，通过一个两步走的方法，就能够增强默认策略的效果。他们把这个方法叫作“增强版主动选择”。

“增强版主动选择”的第一步是对默认设置做个小调整：人们面对的不再是“要么接受，要么放弃”，而是可以在两个选择中真正挑选出一个。在一个实验中，凯勒和同事们把一组教职员工分成两个小组。两组人都得到了一个打流感疫苗的机会，这不仅能保护他们的健康，还能替他们节省每个月的健康保险费用。

第一组（“接受或放弃”组）面对的要求很简单：“如果今年秋天你想打流感疫苗，就在此处打钩儿。”

但第二组面对的不是一个替他们做好了的默认选择，而是一个主动二选一的机会：“今年秋天我要打流感疫苗”，或者“今年秋天我不打流感疫苗”。

结果显示，比起“接受或放弃”组（愿打疫苗的人占42%），主动选择组中有更多的人（62%）愿意打疫苗。这个实验提供了明确的证据：虽然接受或放弃的方法有道理而且有效，但再做一个小小的调整——请人们主动做出选择——能够带来更大的成效。

但研究者们并不满足。他们还想知道，能否把主动选择的方法再升级一下？他们在说服科学的另一个基本原则中找到了答案，这个原则就是损失规避（loss aversion）。也就是说，人们有避免失去的强烈倾向。研究者们把这个倾向运用起来，测试了主动选择的升级版：向人们指出，如果他们不采取行动，就会损失什么。

这一组的受试对象需要在以下两个选项中挑一个：

“今年秋天我会打流感疫苗，因为我想降低得流感的风险，并且节省50美元。”或者，“今年秋天我不打流感疫苗，即便这意味着我得流感的风险可能会提高，而且无法节省50美元。”

把主动选择跟具体的损失结合起来，这么一个小小的举动造成了极大的差异：75%的人要求打疫苗。如此显著的结果让凯勒和同事们到实验室外去测试类似的方法，其中包括一项规模很大的实地测试，对象是11 000名参加药品福利（Pharmacy Benefit）项目的成员。每一次实验都能证明，他们的“增强版主动选择”更富成效。

尽管这些研究都是在公共健康领域进行的，目标都是劝说人们打流感疫苗，但“增强版主动选择”的方法在其他情况下也会十分见效。例如，如果软件开发商希望用户们放弃功能受限的免费版本，转而购买功能齐全的收费版本，那么他们就应该把弹出窗口上标准的默认方式给改掉，让用户在两个选项中主动做出选择，同时要记得，把这个方法再升级一下，向用户们指出，如果他们继续使用免费版本，就会失去什么（例如，更迅速的下载速度与其他功能）。

想说服客户转用另一个储蓄账户的金融机构可以这样做：当客户登录网上银行页面时，给他们提供一个选择机会：在现有账户和升级版账户中选一个。同样，也别忘了指出，如果他们不改用升级版账户就会失去什么。学校校长如果希望能说服更多家长让孩子参加“走路上学”的活动，就可以让他们在以下选择中挑一个：在某个特定的日子，是愿意开车来上学，还是走路来。同样，一定要向家长们指出，如果他们选择不走路，孩子们大概就享受不到新鲜的空气、额外的运动机会以及融入群体的机会了。

无论你的目的是什么，两步法的关键都是一样的。首先迈出一小步，构思两个选择，让受众从中主动挑一个。然后，再多往前迈一小步，把你想让他们选的那个选项包装一下——向他们指出，如果不这么做的话就会损失什么。

这两个小小的改变会让结果大不一样。

CHAPTER

18

如何克服拖延症

美国零售商百思买（Best Buy）在最近的一份年度结算报告中指出，由于一些顾客没能赶在礼品卡过期之前把它们用掉，公司的收益增加了4000万美元。遇到这种情况的不止百思买一家。专门从事消费者研究的公司Tower Group（塔群）估算，每年到过期日仍未用掉的礼品卡总额估计达到20亿美元。

忘记消费的现金数额竟然如此巨大，一些消费者组织开始呼吁相关方修改法律，要求零售商把礼品卡的期限延长，好给人们留出一些富余时间来把它们用掉。但是，根据我们对说服过程的研究来看，这种改法非但帮不上忙，还有可能把事情弄得更糟。我们认为，应该采取一个完全不同的做法。事实上，只需要做一个小小的改动来调动人们的积极性就可以了。这个无需成本的小改变不但能促使你的亲朋把上次过节时你送给他的25美元亚马逊礼品卡花掉，还能帮你说服别人立即行动起来，做到“今日事今日毕”。

谁都有犯拖延症的时候，无论是多锻炼一点儿，还是启动一项新研究，或修剪草坪。说到为拖延时间找借口，咱们可谓是花样百出，创造力无穷。就像西班牙谚语说的：“明天总是一周里最忙的一天。”一般来说，人们拖着不想做的往往都是些比较无趣的事情，可实际上，我们经常也会把有趣的、喜欢做的事情拖到明天。为什么？

原因之一是，人们总是一门心思去对付那些横在眼前的、争抢了注意力的“拦路虎”，同时错误地以为，一旦把这些解决掉，就会有更多时间去做更加有趣的事情了。当然，他们没想明白的是，拦路虎都是成群结队的，这个解决了，另一只必然会上来补位。这就意味着，将来他们照样也会很忙，结果有趣的事情就没空做了。

研究者苏珊娜·舒（Suzanne Shu）和艾莱特·格尼兹（Ayelet Gneezy）注意到，在这个繁忙的、信息过载的世界里，就像拖延那些“不想做的事”一样，人们对“想做的事”的拖延倾向也逐渐严重。于是他们设计了一系列非常有趣的实验。他们从中发现，对时间期限做一个小小的改动，竟能产生非常可观、而且是违反直觉的效果，大大提升了人们完成任务的可能性。

研究开始之前，工作人员请受试者们评估一张礼品卡对他们的吸引程度，这张卡价值6美元，可以在当地一家高档面包店兑换咖啡和蛋糕。受试者也要回答，如果他们得到了这张礼品卡，会不会去店里把它用掉。但受试者们不知道的是，虽然卡的价值一模一样，但有效期不同：一个版本的有效期是3周，另一个版本的是2个月。毫无疑问，当受试者们被问到对有效期的看法时，他们都更喜欢期限长的那一张，而不是短的。

有趣的是，似乎这种正面的评价也影响了人们对自己行为——会不会把卡用掉——的预测。评估有效期为2个月的那张卡的受试者中，将近70%都说自己会去，而评估有效期为3周的那张卡的受试者中，只有差不多50%的人声称会去。显然，大家都更喜欢较长有效期所带来的灵活性。还记得在本书引言中咱们列举过证据，说明人们对自身行为的预测能力是多么糟糕吗？真实情况会不会是这样：虽然大家都喜欢有效期更长的礼品卡，但有效期较短的那种反而更容易被用掉？

这正是研究者们准备测试的议题，结果令他们大吃一惊。与受试者们的预测相反，去面包店里兑换咖啡和蛋糕的人里，拿短期卡的人数是长期卡的5倍。人们或许更喜欢有效期较长的礼品卡，因为时间更宽松，然而在实际生活中，这一点反而会让去的人更少。

为了做个最后确认，确保这项研究的结果主要是因为拖延，而不是其他原因，研究者们做了一系列的后续回访。那些使用了礼品卡的人都反映说，这次经历愉快又值得。那些没去成的人都流露出了后悔的心情，绝大多数都同意这样的理由："我太忙了，没时间去"，或是"我总是想着过几天再去"，而不是"我忘了"，或是"我不喜欢甜点""太麻烦了。"

这项研究结果告诉我们，如果你希望说服客户采纳你的提议，你马上就可以对常规做法做一个小小的修改。任何人都能做到。为了让目标受众响应你，不要把时间期限放得很长——以为长期限会让你的提议变得更有吸引力，这是个错误的想法。相反，这项研究建议我们，应该把时间期限大大缩短。例如，一家软件公司想鼓励更多的新用户注册使用他们的产品，如果把弹出窗口的内容从标准版的"现在注册”“明天提醒我”“下周再次提醒我”改成“现在注册”“明天提醒我”“三天内再次提醒我（最后注册日）”，注册率可能就会提升了。或许他们还可以给早早注册的用户发一点儿小福利或小礼品。

如果金融顾问或投资经理想说服潜在客户参加在线研讨会或产品说明会，了解最新的投资小贴士，可以把邀请函上“敬请回复”的时间期限提早一点儿，而不是放得更晚，这样做会提升潜在客户的出席率。这个方法跟另一项研究成果是一致的：如果附在电子邮件里的邀请函标出了具体而且临近的截止期限，收件人点击注册的比率就会提高8个百分点。

最后，如果你的伴侣、朋友或工作上的伙伴答应要跟你共享一瓶优质又很美味的红酒，却一再把日期推后，说是想等到某个足够特别的日子，舒和格尼兹会向你推荐一部热门影片《杯酒人生》（*SideWays*）里的一个片段，教你如何不露痕迹地说服他人：

迈尔斯：我存了点儿好东西。一瓶1961年白马酒庄（Cheval Blanc）的好酒。

玛雅：你有瓶1961年白马酒庄的酒，却放着不喝？……品尝它的最佳时期可能已经过了。你在等什么呢？

迈尔斯：不知道。某个特别的日子吧。跟一个对的人共享。我本来想留到结婚10周年纪念日上喝的。

玛雅：把1961年白马酒庄的酒打开的那一天，就是特别的日子。

CHAPTER

19

如何留住顾客跟定你

1981年，英国朋克摇滚乐队“冲击”（The Clash）的一首热门歌曲打进了VH1百大摇滚金曲榜。在这首歌里他们唱到：“我到底是该走还是该留？”时至今日，歌词中的这个问题被人问到的频率大概跟30年前它刚问世时一样高，而且不只是用在恋爱问题上，商业问题里也适用。

每一天，都有成千上万在排队等待、而且不知道要等到什么时候的顾客自问：“我到底是该走还是该留？”买完东西的顾客可能会从一个结账通道换到另一个，期望结账速度能快一点儿。网友们可能会刷新网页，希望内容能快点儿跳出来。拨打服务热线的客户可能会挂掉电话，等一会儿再打过来，盼着等候时间能缩短一点儿。我们大概是生活在一个有史以来步调最为迅速、资讯最为泛滥的年代，可我们依然得花费不少时间去排队等候（或是对着网页干等）。

美国人一辈子平均花在排队等候上的时间大约是两年多。注意到这个事实后，研究者纳拉彦·加纳克拉曼（Narayan Janakiraman）、罗伯特·迈耶（Robert

Meyer）、斯蒂芬·霍克（Stephen Hoch）想要找出哪些因素能够说服人们继续排队等下去，又有哪些因素会让他们彻底放弃，马上走人。他们的发现指向了一些虽小却十分重要的改变——任何一家企业或客户服务机构都能做到，并且在留住客户、提升满意度、提高服务评分方面能够得到显著的收效。

这项研究的核心基于一个简单的直觉：很少有人会采纳“既然排队了，就值得等下去”的建议。例如，研究发现，当人们打电话给呼叫中心、等待服务人员接听的时候，大约有三分之一的人会把电话挂掉，然后再重拨一遍——这主要是因为没耐心等。显然，极少有人会从这种策略中得益，因为将来再打过去的话，等待的时间加起来会变得更长。

通过说服科学的透镜来审视这件事，“我到底是该走还是该留”的问题里包含了两个相对立的人类动机。一方面，人们排队等待的时间越长，就越有可能去琢磨“要是不在这儿等我就可以去做其他事情”。没能去做那些事情会被视作“损失”——因为人人都有避免失去的基本动机，排队等候的人可能会单纯因为避免任何可能的损失而放弃等待。

然而，事情很少像表面上那么简单。排队的人往往都做出了一个主动的承诺，因此一致原则或许被激活了，导致他们留在队列里等下去。每多排一分钟，他们留下来的动机可能就会增加一点儿，因为他们离目标更近了。

因此，在这场避免损失和保持一致性的拉锯战中，人们一般会怎么做？加纳克拉曼和同事们在研究中发现，绝大多数人做出了最糟糕的决定：在等到一半的时候放弃。毫无疑问，这个不够理想的决策多半都伴随着厌烦、挫折和不高兴的情绪。如果这些潜在顾客等待的是你的公司的服务，这情况可就不妙了。

那么问题来了：你能做些什么来缓解这些情绪，并减少顾客在没打通电话之前就挂机的次数呢？一些明显的答案是，多雇用和训练一些接电话的员工；通过分析需求和承受容量来减少通话等待时间，然后用更有效率的方法来管控。虽然这些都很重要，但它们看上去都是大招，而且都挺费钱。鉴于这本书主要讲的是最微小、最不耗费资源的方法，还有哪些是我们能做的呢？在加纳克拉曼和同事们的研究中——他们在实验室里做了许多实验，也在印度一家呼叫中心获得了实地考察的数据——他们测试了一个很容易做到的“四两拨千斤”的手法，结果相当好：给拿着电话等的顾客找点儿简单的事干，让他们分分心，就能显著降低顾客提前挂机的比例。听上去太简单了吧，可它真的有用。

我们想知道，这个方法是不是也能为企业所用，把绝大多数人都视为挫折沮丧的等待过程转换为开心愉悦的经历，甚至还能创造未来的客户忠诚度。金融机构可以把自动语音系统改一改，让拿着电话等待的客户收听一些理财小知识；对于那些在银行里等待的顾客，可以给孩子们设计一些小活动，教他们学一点儿关于金钱的知识。餐厅的领位员与其把那种可以兼做涂色游戏卡的餐垫留给桌前的孩子，还不如把它们拿给排队等位的家庭。当使馆里申请签证的人排起长队的时候，工作人员可以给大家发点儿有用的资料，让大家分分心，比如印着当地常用语和风俗习惯（比如如何给小费，或是如何排队）的信息卡，等他们抵达目的地时就会用得着。

说起让人分心的东西，我们想起了两个绝妙的例子。第一个是我们的博客里的一位读者讲的故事：有位顾客给他的手机运营商打电话，结果客服人员说她的系统很慢，为了替他节省时间，她过一会儿再给他回电话。可这位顾客已经等了一段时间了，他不想这么轻易就把电话挂掉，因此他坚持说不挂，要等。“好的，先生”，客服人员说道，“如果是这样，那您告诉我您最爱听的歌是哪首。”听到这么无厘头的问题，顾客彻底懵了，可他还是回答了。想想他震惊的模样吧：当他回答“是弗兰克·辛纳屈（Frank Sinatra）的‘纽约，纽约’”之后，那个客服当即在电话那头为他唱了起来。

第二个例子来自我们在英国的编辑，他告诉我们，有次他给猫咪保护组织（Cats Protection Agency）打电话，等待服务人员接听的时候，他听到的不是音乐，而是抚慰人心的猫咪呼噜声。

所以，或许我们给出的“四两拨千斤”的建议是，公司可以让人们自己选择喜欢的通话待机音乐。我们会选什么？

当然是“冲击”乐队的歌了！

CHAPTER

20

把潜力变成现实

假设你希望说服新客户跟你们公司签订一份利润丰厚的合约。或者，你希望自己能在招聘面试或升职选拔中脱颖而出。你是应该强调你过往的经验和出色成绩呢，还是应该把重点放在自己的潜力上，向客户或面试官指出你将来能够获得的成就？

本书作者之一做了个快速调查，他在办公室里问了一圈（我们承认这个方法不够科学），一个显而易见的答案浮现出来：应该把重点放在以往的经验和成就上。乍一看这很合理。实实在在的成绩肯定比未来潜力更有说服力，这理由很充分：这些都是已经取得的成就，是千真万确，毋庸置疑的。因此，在其他条件都一样的情况下，客户在选择应当跟哪家公司签订这份利润丰厚的合约时，比起一群毛头小伙组成的、只是有成功潜力的公司，一个已经营多年并获得过数个行业大奖的公司显然更有胜算。同样，更有希望在升职选拔中胜出的应该是已经取得了出色成绩的那一个，而不是只具备发展潜力的那一个。

但在现实中，事情往往并不是这样。许多体坛新秀就是凭借未来的潜质谈下了令人瞠目结舌的大合同。曾经的NFL四分卫贾马克斯·拉塞尔（JaMarcus Russell）是2007年NFL国家橄榄球联盟、National Football league 的选秀状元，奥克兰突袭者队（Oakland Raiders）跟他签下了数目惊人的、价值6100万美元的合同。显然，突袭者队看到拉塞尔的大好前景，所以他们愿意花大价钱把他签下来——他们购买的是尚未转化成赛场胜绩的潜质。在商业世界中，不少人都能记起这样的例子：一个前途被看好却没什么经验的候选人击败了更有资历的同事，赢得了升职机会。如果你曾经在业务拓展部门或销售部工作过，你肯定遇到过这样的事：一个工作经验和过往业绩压根无法跟你相提并论（至少从履历表上看不出来）的对手把客户从你这儿抢走了。

所以，说服他人的时候，你应该把重点放在哪儿？是强调潜力呢，还是强调现实？

根据说服科学家扎卡里·托马拉（Zakary Tormala）、杰森·贾（Jayson Jia）和迈克尔·诺顿（Micheal Norton）［这位是出色的好书《花钱带来的幸福感》（*Happy Money*）的作者之一］的观点，你应该强调未来的潜力——这多少有点儿违背直觉——因为在决策者看来，能出色完成某件事的潜质往往比已经在这件事上取得过出色成绩更重要。换言之，潜力往往会战胜现实。

在托马拉和同事们做的一个实验中，受试者对一名应聘者的能力进行评估。此人申请了一家大型公司的银行部门的高级管理职位。所有的受试者都得知，这位应聘者在康奈尔大学（Cornell University）取得了学士学位，专业是经济学，平均成绩点数（GPA）成绩3.82，并在纽约大学（New York University）深造，拿到了工商管理硕士（MBA）学位。然而，一部分受试者得知，这位应聘者有两年的银行业相关经验，最近还在一个名为“领导力成就评估”的测试中取得了92分（满分100）的成绩。而另一部分受试者得知，这位应聘者没有银行业的相关工作经验，最近在一个名叫“领导力潜质评估”的测试中取得了92分（满分100）的成绩。所有的受试者都被告知，这两个测试评估的都是候选人在今后两年内的表现情况。

结果非常明显。受试者认为，“潜质版”应聘者比“成就版”应聘者更出色，更值得雇佣。从客观上看，潜质版的应聘者实力较弱，因为他没有相关工作经验，但尽管事实如此，受试者还是得出了上述结论。有趣的是，当工作人员请受试者们预测哪一位应聘者会在未来五年内做出更好的业绩时，受试者依然更愿意选择“潜质版”的那一位。在后续的跟进研究中，托马拉和同事们发现了相同的结果：当受试者必须在两个条件相同，但在潜质与实际成就方面有差异的人选中挑一个的时候，他们总是选择有潜质的那一个。这些结果清楚地证明了潜质的力量。

原来，“潜质的说服力胜过现实”的现象不仅发生在招聘的时候。托马拉和同事们在一个更以消费者为主导的环境中（社交媒体的用户群）也发现了这种情况。在该项研究中，Facebook（脸谱）的用户们看到了一些对一位喜剧演员的评语。一半人看到的评语强调的是这位喜剧演员的潜质，比如“这家伙能成为下一个大腕儿”，以及“到明年，人人都会谈论这位喜剧演员了”。另一半人看到的评论强调的是这个喜剧演员已经取得的成就，比如“评论家们说，他已经成为大腕儿了”“人人都在谈论这家伙”。

就像银行招聘实验和其他的进一步研究一样，Facebook的用户们也表现出了更重视潜质的倾向：当评论强调的是喜剧演员的潜质而不是实际取得的成就时，用户表现出更大的兴趣（以点击率测算）和喜爱之情（以粉丝比率测算）。

但这是为什么呢？

研究者认为，为何潜质总是比现实更吸引人，一个潜在的原因就是现实已经发生了，完全是确定的。当人们在评估一个具备“潜质”的候选人时，虽然这两个字会为信息或沟通带来明显的不利意味，但它给人带来的那种不确定的感觉却是相当有利的因素，换句话说，它激起了人们的兴趣。

所以，这是不是意味着，当人们做决策的时候，潜质比现实更有说服力？很难说。但是，鉴于潜质可以勾起人的兴趣，进而让人们更加留意，那么沟通者可以借用它的力量。事实上，主持这项研究的学者明确指出，当对方把注意力放在你的潜质上之后，立即提供支持性的信息（比如来自可信渠道的证明信、领导力方面的高评分，或是其他类型的有说服力的信息），你获得对方青睐的可能性就会增加。

假设你要说服一个客户跟你的公司合作。进一步假设，你认为你的公司的竞争优势在于既有相关的经验，又有新颖的思路。你需要留意的一个虽小却很重要的点就是摆出这些优势的先后顺序。你应该先强调这份提案在将来能为客户带来哪些好处，借此吸引客户的注意力，然后再举出以前的成功案例。

同样，如果你在申请升职，或是为某个申请升职的人写推荐信，上述研究建议说，更好的做法是你先强调自己（或你推荐的那个人）以后在这个新职位上能做出哪些成绩，而不是立即摆出之前的成就。这样做的话，你更有可能引起面试官的兴趣，这就意味着他会更专心地看你后续提供的、关于你实际业绩和工作经验的信息。高中毕业生在申请大学时也是一样，在申请文件的个人自述中，应该先让招生老师看到你的发展潜质。

如果地产经纪想要推销一套不那么招人喜欢的房子，就可以把平常的做法做个小改动，在准客户的心目中创造出一幕更惹人喜爱的画面。例如，他可以强调这处破败房产的改造潜质：客户可以把它改建成家庭工作室，或是一个能让丈母娘安度晚年的舒适小屋，再或者，“从这个翻修重建工程中实现您的梦想”。

对那些工作经验没有竞争对手们丰富的应聘者来说，强调自己的潜质也是个好方法。在推荐信中，不要强调工作经历，而是要把重点放在那种能证明你具备未来潜力的证据上。单凭这个改动，是不是就能确保你得到这个工作机会呢？或许不行，但它至少是块敲门砖，让你有机会去施展这本书中提到的其他“四两拨千斤”的方法，进而取得更好的结果。

CHAPTER

21

把会议开得更高效

《星际迷航》里的寇克船长说，如果“开会纯粹就是浪费时间”的说法有半分正确，那你多半曾在开完会后犯过嘀咕——开这种会，能有一丁点儿用才怪！25年前，心理学家加罗德·斯塔瑟（Garold Stasser）和威廉·泰特斯（William Titus）出版了关于“决策小组中的沟通状况”的研究成果。虽然这些成果已是四分之一世纪之前的东西了，但时至今日，它在很多情况下依然适用。

他们发现，人们在开会的时候，有相当多的时间都浪费在听别人讲那些人人都知道的事情上。更让人郁闷的发现是，真的带着新信息来的人（而且只有他们知道这些信息）往往无法提醒其余的参会者去了解这些信息。

结果就是：这种情况下做出的决策，往好里说是“还凑合”，往坏里说就是“相当糟糕”。

更多近期的研究证实了他们的发现。例如小詹姆斯·拉森（James Larson Jr.）和同事们所做的一项实验：他们给一群医生看了两个诊疗录像。看录像时，医生们被分成了小组，但他们不知道的是，每个小组看到的录像都有一点儿差异。此外，有些医生得到了两个患者的个人信息。结果就是所有的医生都了解到了两位患者的部分信息，但没有一位医生掌握全貌。

看完录像之后，医生们需要跟另一个小组讨论病例，商量出一个诊疗方案。研究者对实验的设定很聪明：只有当所有医生都把自己知道的消息分享出来的时候，才能做出最准确的诊断和治疗方案。然而研究者发现，信息的共享程度极少能达到最准确诊断的要求。因此，不那么理想的决策就导致了没那么好的治疗方案。简言之，结果不好。

那么，我们能采取什么措施来确保人们毫无保留地共享信息，高效地进行沟通呢？以下就是4个“四两拨千斤”的开会方法，在工作和生活中都适用。

第一，请参加会议的人在会议开始前提交信息。这或许听起来有点儿太简单，可极少有人真的付诸实践。这样做之后，人家提交的看法和意见就不大可能受到他人影响。这个方法对那种希望得到创新想法的会议尤其管用。请大家事先提交想法，往往能让更多人的意见得到倾听，于是就能收集到更多新创想。培训课程和家庭会议也能使用类似的方法。例如，如果你面临一个问题或一项挑战，需要每个组员都贡献智慧，那么，与其让每一个人都同时说出想法和建议，更高效的做法是请大家花几分钟静静地想一想自己的主意，然后写下来，提交给全组。这样做能让那些比较安静的小组成员也能畅所欲言，免得他们的声音被大嗓门的组员淹没。除了一小段静悄悄的时刻之外，这个方法的成本几乎为零。

第二，组织会议的人最后一个发言。组织会议的人往往不知道自己的意见会影响大家，这个问题之普遍简直令人吃惊。如果一个领导者、经理或家长先把看法说了出来，小组成员往往就会下意识地听从，其他的想法和意见就没有机会产生了。避免这种潜在的不良影响的方式之一，就是让领导者先听完大家的看法，然后再表达自己的意见。

第三，做个任务清单会很有用。医生们确保自己做出准确诊断并采取正确措施的常用方法之一就是列一个简单的清单。就像阿图·葛文德（Atul Gawande）在他的著作《清单革命》（*The Checklist Manifesto*）中所说的，这些清单中包括一些简单得令人吃惊、可万一漏掉了就会要人命的条目。患者的名字跟真人对得上吗？我有他的病历吗？他对什么东西过敏吗？我知道他的血型吗？

就像飞行员在登机前会列一张清单一样，会议的组织者也需要仔细想想，准备清单上该有哪些必不可少的条目。参会的人选恰当吗？大家的经验是否平衡得当？有没有那种以积极正面的方式提出反对意见的角色？

第四，朱丽叶·朱（Juliet Zhu）和J.J. 阿戈（J.J. Argo）近期的研究指出，对会议的座次安排做出微妙的调整，就能够影响人们的注意力重点。例如，他们的研究发现，圆桌式的座位能够唤起人们的归属感。因此，参会者更容易重视小组的整体目标，也容易被强调全组利益的信息（而不是个别人的收益）和提议说服。相反，当座次安排呈现出带角的形状（比如L形）或方形的时候，效果刚好相反。这种座次安排激发了人们对独特性的追求。因此，人们更容易响应那些以自我为中心的信息和提议，容易表现出个人主义。

研究人员总结说，如果会议目的是创造合作互助的气氛，那么圆桌式的排位更有利。因此，如果一个团队领导者想要说服员工齐心合力行动起来，那么他最好把大家的座位摆成圆桌式的。如果员工中有平素不大合群的人，这样做就愈发重要。

然而，如果团队领导者希望让团队成员为自己的行动负起责任，那么正方形或长方形的桌型会更好。

当然，某些会议既需要合作，也需要个人采取行动。因此，你或许需要在进程中调整桌型。例如，一名会议组织者发现会议初期需要大家团结合作，那么他就把这段时期的座位摆成圆桌式的，等到会议的重点转变成需要个人关注的议题时，如果必要的话，他就可以做出小小的调整，把座位摆成方形的。会议组织者可以采用的另一个小调整是，开会之前就把座位分配好，而不是让大家自行找位子（要知道，物以类聚，人以群分）。任何一个婚礼策划人都会告诉你，当人们看到写着自己姓名的桌卡时，都会乖乖地坐下。

CHAPTER

22

服装的影响力

你付出了数周（甚至是数月）的努力和耐心，一切终于有了回报。你的手机响了。正是那位重要新客户的私人助理打来的，你一直想把这位客户签下来，要是能成，这可是一笔利润丰厚的大生意。助理打来电话，是想跟你确认下周会面的时间。你允许自己激动了一小会儿，随即就开始为这次见面做准备。这种见面可不能掉以轻心，要想给这位客户留下深刻印象，这是你仅有的机会。你希望展现出值得信赖的风范，让客户感觉到你是个友好、招人喜欢、亲切、有影响力的人。

那么，你应该穿什么呢？

多年来，说服科学家们一直在研究衣着与影响力的关系。社会心理学家伦纳德·比克曼（Leonard Bickman）就是以研究“整洁衣着的强大影响力”而著称的。在他的实验中，研究人员拦住路人，请他们依从某种请求，有时候是要求路人拾起一片垃圾，或者站到公交车站旁的某个特定地点，甚至是（这是我们最爱的一个）要求路人掏出几个硬币，帮另一个素不相识的人付停车费。

比克曼每次更换实验条件时，改变的不是提出要求的研究人员，而是他身上穿的衣服。有时他身穿休闲服，有时穿的是制服，比如保安人员的工作服。非常说明问题的是，在研究开始前进行的调研中，绝大多数参与者都极大程度地低估了身穿制服的人的影响力。当然，结果与此完全不同：当提出要求的人穿的是保安制服时，愿意服从的人数往往达到了预估数字的两倍。

近期的其他研究也发现了类似的现象。例如，一项英国学者的研究证明，当专业医师带着听诊器讲述健康知识的时候，受试者明显更容易记住他的话。有趣的是，医师并没有使用听诊器。它不但是一个帮助医师诊断病症的有效工具，还能向患者有效地传达出医师那值得信赖、专业知识丰富的形象。

研究表明，一身笔挺的西装也具备同样的说服力。一项实验中，当一个身穿西装的男子闯红灯过马路时，跟着他违反交通规则的路人数目比他身穿休闲服时高出350%。

有一个十分有趣的点需要指出，在这些研究和其他相似的实验中，衣着成为首要的影响因素，是出于一个极为简单的原因：除了衣着，实验对象没有其他的途径去了解那个提要求人的资历。此处的启示很明显。当你第一次跟某人见面时，你的衣着应当符合你真实的能力水平与可信度，这非常重要。这完全符合说服科学中的一项基本原理：权威原理。当人们感觉到某人好像具备更渊博的知识、更值得信赖时——尤其是当他们迟疑不定的时候——权威原理就会发挥作用，让他们听从此人的建议与忠告。

可是，当今的商业会谈极少如此直白。从商务正装到彻底休闲，再加上中间的无数种过渡情况，衣着背后隐藏的密码是复杂多样的。或许，更高效的穿衣之道是遵从另一个强有力的决策原理：相似性。

在前面的章节中我们讲到，有效说服的方法之一就是突出你与受众之间的共同点（真实存在的）。要说强调相似性、把差异降至最低，还有什么方法比事先找出对方的衣着风格并在会面当天据此搭配衣饰更好的呢？但是，这种方法也不是没有缺点。万一对方的穿衣风格跟你习惯的不一样呢？如果穿成跟他们差不多的样子，能否表现出你真正的个性？就算这些都没问题，相似性为你带来的好处会不会影响到你的权威性和可信度，反而弄巧成拙？

简单点说，权威感和相似性，究竟哪个更有说服力？这个问题有明确的答案吗？

不幸的是，我们还不知道有哪个研究能够直接回答这个问题。然而，就像说服领域中的不少问题一样，我们的建议是，比较有效的方法是把这两点综合运用起来。也就是说，如果场合与时机合适，你可以采取与对方相似的穿衣风格——但要往上升一个级别。比如说，如果你要去一个大家都穿得比较休闲的办公室，你就可以打上领带，或是穿件西装。

CHAPTER

23

亮出专家身份

一般来说，沟通者的目标是构建并发送一套信息，来改变受众的态度、决定或行为。当然，核心问题就是如何构建这套信息。

多年来，虽然社会心理学家们对这个问题提出了许多重要的见解，但最有价值的一个是安东尼·格林沃尔德（Anthony Greenwald）的“认知反应模型”（cognitive response model），它表明人们对说服的看法出现了微妙却极其重要的变化。根据格林沃尔德的模型，一场沟通能让受众改变多少，并不在于沟通的内容，而在于受众在接收到沟通信息之后，对他（她）自己说些什么。

应该对沟通信息做出哪些调整，才能最大限度地增强它的说服力呢？研究这个课题的时候，研究人员一般都把重点放在信息是否清晰、有逻辑、结构化等等方面，因为人们都以为，受众对信息内容的理解是说服的关键因素。虽然这肯定是对的，但认知反应模型添加了一条重要的见解，这个模型指出，信息本身并不是导致行为改变的直接原因。直接的原因是另一个因素作用的结果：自我对话。也就是人们在接受了一条信息之后，心里产生的认知反应。说得更简单点儿，就是某人在接受信息之后对自己说了什么。

有相当多研究成果都支持这个模型。例如，在安东尼·格林沃尔德的说服实验中，受众对某个议题的态度变化与他们能记起的说服内容没太大关系，却与当时他们做出的评论颇为相关。

那么，这种观点对你的说服行为有何帮助呢？假设你想写一封信，倡议当地的居民支持一项降低高速公路最高限速的规定。上述研究最直接的建议就是，如果你没有考虑受众们在看到这封信之后会对他们自己说些什么，那就不大明智了。

那么，你可以采取哪些小小的措施，来最大限度地提升沟通的效果？首先，你应该想办法让这封信的每个方面都能唤起读者内心的积极对话。也就是说，除了琢磨信息本身的关键因素之外（例如论证的力度和逻辑性），你还应该考虑另外一套截然不同的、可能会激发积极反应的因素。例如，你可以等到当地的报纸报道了一起鲁莽的高速事故之后再寄出这封倡议信。这样一来，由于大家收到信的时机非常合适，它所传达的讯息就会显得更有力度。或者，你可以用高质量的信纸，非常专业地把这封信打印出来，因为人们会下意识地认为，一个沟通者在说服行动上花的心思和费用越多，就越是重视它。

你的沟通信息需要激发出积极的内心对话，但是，比这一点更重要的，是另一个虽然微小却非常关键的做法：如何避免消极的内心对话——尤其是对你的论点的反驳。

说服科学的研究者们经常指出，受众对一条信息的反驳会严重削弱它的有效性。因此，你或许可以在倡议信中引用一位著名的交通安全专家的话，指出较高的限速会显著提升交通事故的致命程度。

简·恩格尔曼（Jan Engelmann）、莫妮卡·卡普拉（Monica Capra）、查尔斯·诺萨（Charles Noussair）和格雷戈里·伯恩（Gregory Bern）近期做的脑部成像研究告诉我们，为什么这个方法会起作用。研究人员要求受试者做出一系列他们并不熟悉的财务选择，其中有些附带有专家建议（一位著名的经济学家）。当专家建议出现的时候，受试者的选择就会受到明显影响。他们的大脑活动模式揭示了原因。每当专家建议出现的时候，受试者大脑中负责批判性思考和反驳的区域就平静下来，变得不活跃了。

这些发现有助于解释，为什么专家的话总是那么管用。这并不是因为人们会把权威人物的话当作一个普通的重要因素，然后与其他重要因素结合起来考虑，最后做出选择。相反，人们会允许权威的意见统领余下的所有因素（尤其是对自己不太确信的时候）。实际上，人们甚至把认知的渠道都关闭了，根本就不会考虑其他因素。该研究的作者之一这样描述他的发现是如何挑战人们对理性决策过程的传统看法的："在传统看法中，人们听取建议，然后把它跟自己掌握的信息结合起来，最终做出决策。如果过程真是这样，那我们就应该能看到负责决策的脑区有活动。可我们的发现是，当某人接受了专家建议之后，那个脑区的活动就停止了。"

这些研究给予我们两点启发，沟通者在构思信息时应该兼顾。首先，由于人们经常在看到专家建议之后就不再进行批判性思考，反驳的力度也降低了，所以，如果有相关的专家意见可以使用，那就把它们早早摆出来，要是不这样做的话，可就有点儿傻了。另外，如果目标受众与你团队的其他成员也有交流，那你一定要凸显出这些成员的专业性。虽然这个做法很简单，但有多少原本十分精明的沟通者在影响他人时，都忘了强调自己和同事们的专业性啊。

但是，当他们记得这样做的时候，效果往往好得惊人。

举个例子吧。许多医疗中心都面临一个问题：患者太多，可医院的容量不够，没法满足他们的需求。看到这个问题，人们马上就会想到一个明显的解决办法：扩张容量不就行了吗。可是，这个方法不但成本高昂，许多服务行业的机构都会告诉你，不管容量扩增多少，客户的需求都能把它填满。和全世界的许多同行们一样，英国那些新近取得行医资格的医生在毕业之后，会到各种医院和医疗中心里实习轮岗。这种轮岗制度显著提高了医疗机构的服务容量，可患者往往不愿意找这些资历尚浅的医生问诊，他们更愿意等着见住院医师。可问题就在这儿。鉴于这些新医生刚从国内最顶尖的医学院毕业不久，他们掌握的技能和知识是最新、最前沿的，找他们看病才是好选择——这是很有道理的。在医疗系统中，需求的确很多，可往往也有很多资源没有得到充分利用。为了恢复均衡，不少医疗中心采取了这样的实验做法：重点强调这些新医生的专业资质和前沿知识，往往还在一旁附上他们的照片。前台的接待人员也要发挥作用，他们改掉了常见的答复，比如“我可以为你安排一位实习医生”（在医院里，“实习医生”这个词儿给人的印象就跟“代课老师”差不多），代之以凸显新医生专业性的说法，“我可以为你安排一位水准很高的新医生，刚刚从某某医学院过来的。”使用了这些不起眼儿、成本相对低廉的做法之后，供需状况出现了戏剧性改变。有些医院的等候时间减少了，往往能缩短50%之多，而这不是由于大规模的系统改革，只是因为一个小小的做法调整。

除了向受众强调你和团队成员的专业程度之外，还有一点同样重要：如实地说出你的背景、经历和技能，不要夸大。你要用这种方式来保护自己的专业性。也就是说，如果我们夸大了自己的本事，却被对方发现，那么我们的专业技能就失去了说服力，就算是真的也没人肯相信了。

C H A P T E R

24

不确定的说服力

上一章中我们讨论到，在沟通或提建议之前先强调自己的专业身份，往往能够显著提升沟通效果。两千多年前，罗马诗人维吉尔（Virgil）就忠告人们，应当“相信专家”。正如简·恩格尔曼和同事们在脑部成像研究中显示的那样，这条忠告到如今依然适用。实际上，维吉尔的话变得更有道理了：每一天，无论是在工作中还是在生活中，我们都得面对泛滥的信息，必须理出个头绪来。在这种信息过量的环境中，我们希望找到快速做决策的捷径，比如听从专家意见。所以，为什么那些渊博睿智的人能对我们的决策有那么大的影响力，也就很容易理解了。

幸运的是，愿意帮忙的专家从来都不缺。商业世界就是个很好的例证，急着帮助组织做出正确选择的各路专家仿佛无穷无尽。生活中也是一样。财务顾问随时备战，个个都能提供最新的投资建议；亲子顾问提供最先进的育儿手段；健身教练能告诉你最时髦的、保持身材和健康生活的方法。

可是，此处有个十分讽刺的问题。如今这个信息泛滥的世界令我们寻求专家的帮助，希望他们能帮我们指路，可专家也照样满大街都是，每一个都说自己的建议最可取。在这个信息超量的世界里，那么多人都自称是专家，我们到底该听谁的呢？

或许我们应该找那种显得最自信的。毕竟从直觉上说，人们更容易被那种言之凿凿的专家说服，是不是？

还真不是！

消费者研究专家乌玛·卡玛卡（Uma Karmarkar）和扎卡里·托马拉认为，最令人信服的往往不是那些听上去最自信的专家。相反，他们的研究发现，自己也不太确定的专家说出来的建议和忠告往往最有说服力。当问题没有清晰明确的答案时，就更是如此。

在卡玛卡和托马拉的一则研究中，顾客们看到了一篇对一家名叫“比安科”的新餐馆的好评文章。一半顾客被告知，这篇评论是一个著名的美食评论家写的，他的文章定期发表在报刊杂志上。另一半顾客得知，这篇评论是一个籍籍无名的博主写的，此人绝大多数时候都在快餐店吃饭。实验结果如你所料，也符合大量的先前研究成果：比起以为作者是无名博主的那些顾客，认为作者是著名美食评论家的那些顾客更容易受到这篇评论的影响。但是，研究人员的实验还没做完。

实验的变量除了评论者的专业资历之外，还包括语气的确定程度。例如，完全确定的语气是，“我在这家店吃了晚餐，我十分确定，这家馆子可以打四星。”

不太确定的语气是，“因为我只在‘比安科’吃过一顿饭，所以我不敢完全确定，但以目前的体验来看，我会给这家馆子打四星。”

与读到高度确定专家版或无名博主版本的受试者相比，读到这个语气不太确定的专家版的受试者对这家餐馆的好感度明显大得多，而且更加愿意经常光顾。无论是哪种情况，评论文章的内容一点儿没变——微调的只有专家评论者的确信程度。

卡玛卡和托马拉是这样解释的：由于人们一般都会预料到，专家对自己的看法肯定是非常确信的，所以，当专家流露出不太确定的感觉时，人们的注意力反而被吸引过去了。结果就是，语气中带有某种程度的不确定的专家，会引起人们的兴趣。因此，假设专家的意见还是同样有道理，这种能够吸引受众的信息反而更有说服力。

对于那些希望增强说服力的沟通者来说，这个见解非常有用。人们很容易认为，说话时不应该流露出一点儿犹疑和不确定，因为这会严重损害说话人的说服力。然而，在显然没有明显单一正确答案的情况下，表现出一点儿不确定非但不会损害你的说服力，反而还有极大的帮助。因此，当商业顾问希望说服决策者的时候，与其把轻微的不确定感遮掩起来，还不如明明白白地表现出来，因为这实际上会让他或她显得更有说服力——当然了，我们假设这位顾问的话是很有道理的。而且，这么做还有另外一个好处：有助于建立信任。

CHAPTER

25

中心位置的影响力

智力竞赛节目《薄弱环节》（*Weakest Link*）自打在电视上露面之后，就迅速地在全球范围内取得了成功，世界上有几十个国家都在播放。这个游戏节目既要拼机智，也要比知识面。赛事初期，参赛选手回答问题来积累奖金，但到了每一轮的末尾，一个选手会被投票出局，最终留下两个人竞争现金大奖。为了取胜，选手们需要制订一个清晰的策略，努力保持冷静，当然还得具备渊博的知识——任何一个希望影响他人的人，都会明白这些技能有多么重要。

但是，有没有哪个不那么显眼却也非常重要的因素，影响了最终的赛果？

社会科学家普瑞亚·拉格休伯（Priya Raghubir）和安·瓦伦苏艾拉（Ann Valenzuela）研究了《薄弱环节》的往期节目，他们发现，站在半圆形舞台最中间的两名选手比站在其他位置的选手更容易胜出。换句话说，在制胜因素中，不单包括策略、知识、钢铁般冷静坚定的意志力，参赛选手所站的位置也很重要。

研究人员发现，这个微妙却十分重要的“位置问题”不仅存在于电视游戏节目之中。他们发现的证据表明，靠近中心位置的人——比如面试小组里坐在中央位置的面试官，或是发言席中间的高级管理人员——都显得比其他人更有影响力。为什么？拉格休伯和瓦伦苏艾拉推断，一个重要的原因是，人们会下意识地认为，最重要的人理当坐在中间。想想婚礼派对上的新郎新娘，董事会里的CEO，还有奥运会上赢得金牌的选手，你就明白了。

我们不但会认为坐在中间的人比较重要，令人担忧的证据显示，由于他们处于中心位置，我们不大会注意到他们犯错。会议的组织者可要注意了，有时一个匆忙提出的议案没有受到多大质疑，很可能就是因为提出的人坐的位置——这的确可以称为“注意力的盲点”。

当然，如果提出议案的人是你（假设你的提议很好），那么你可以做的提升影响力的小改变就是走过去，坐到中间的位置上。如果你们是以小组形式发言的，你可以让位于中间的那个人替你说。

这项研究不但提醒我们为何要在会议开始前精心设计座次，它还表明，当你要推介产品和服务的时候，这方面的考虑会产生实际的收效。在一个专为测试这个假说而设计的实验中，受试者需要在三种口味的口香糖中选一个。虽然研究人员定期改变三种口香糖的摆放位置，但放在中间的那一个总是最受欢迎，被选中的概率远远高于另外两种。研究人员把口香糖数量提高到了五个，后来把品类也换成了其他产品（它们的价格全都一样），结果还是相同的：放在最中间的那一个明显更受欢迎。

虽然在有些人看来，这个现象很符合直觉，但我们敢打赌，真实的原因跟你的直觉相差十万八千里。为何摆在中间位置的产品最受青睐，其原因与多数人以为的刚好相反：并不是因为放在中间的东西更容易吸引人的注意力，也不是因为人们更容易记住那个位置的东西。

放在中间位置的产品之所以最抢手，主要是因为人们以为那个东西是被人故意放在那儿的——因为它最热门。从前面的章节中我们知道，当某个选择显然看上去比其他几个更受欢迎的时候，它的说服力就变得更大了，如果做选择的人不能确定究竟哪个选择最好，就更是如此。要注意，在这项研究中，表明中间那件东西更受欢迎的并不是具体信息，只是它在队列中的位置而已。

这个解释给制造真正畅销产品的厂商支了个招儿：为了确保自己的产品不会受到货架陈列潜规则的影响（有时厂商会给店经理付钱，争取更好的摆放位置），他们可以把“最畅销”或“最受欢迎”的字样直接印在外包装上，直接点明这个产品的确是热门货色，不必让货架位置成为它的“薄弱环节”。

C H A P T E R

26

如何激发创意

大量研究表明，环境和情境会对我们的行为和决策产生巨大影响。例如，吃自助餐时，如果人们拿到的盘子比较小，吃的就会少一点儿；放账单的托盘上如果印有信用卡的商标，食客给服务生的小费就会比较多；如果投票站设在教堂旁而不是学校旁，人们投票时就会变得更加保守。

在上述所有例子中，人们的决策和行为都不是出自某个直接的请求或呼吁。相反，他们受到环境中某个单一因素的影响，继而触发了自动的、下意识的行为改变。

除了用投票地点来影响投票选择，或是用盘子尺寸来降低卡路里摄入（政治家和营养学家们，请做笔记）之外，还有没有其他类似的方法，对环境做个小小改变，就能对结果产生显著的影响？例如，在下一次业务会议或谈判中，你能做些什么？

许多组织会召集会议来分享最佳实践经验，集思广益，鼓励创造思维。如果你曾经参加过这样的会议，你多半就会明白，有许多环境因素会影响会议的成果——从参会的人数（包括他们的个性），到午间自助餐和饮品的质量。但是，有没有哪些因素能够提升团队的创意能力，鼓励他们天马行空地思考？

研究人员琼·迈耶斯－利维（Joan Meyers-Levy）和朱丽叶·朱认为，天花板能起到激发作用：当天花板较高的时候，人们的想法更富创意，更概念化，而天花板较低的时候，人们的想法就变得更为具体，更受局限。

为了验证他们的想法，研究人员设计了一组实验，让受试者解开一串字谜游戏（即把一个英文词原有的字母顺序打乱，重新拼出另一个新词）。一组受试者所在的房间天花板较低[8英尺（约2.4米）]，另一组的较高[10英尺（约3米）]。有些字谜的内容与自由和创意这些概念有关，比如“自由、无限、解放”这样的词语，而有些字谜则与限制的概念有关，比如“局限、边界、克制”。

研究者发现，在天花板较高的那个房间里，受试者做自由版字谜的速度较快，但解限制版字谜的速度较慢。在天花板较低的房间中，情况刚好相反：受试者解开限制版字谜所用的时间比自由版的短。后续研究也发现，比起在低天花板房间里的受试者，待在高天花板房间里的受试者更容易在抽象概念之间建立关联，而这正是创意思考的关键因素。

这项研究建议我们，如果你的业务会议、团队讨论会或培训项目的核心目标是创意思考，那么你可以做一个简单的小调整：找一个天花板高的房间。这样做可以提高激发创意的概率，让大家的思维少受局限。

然而，如果会议的目标是解决某件具体的事情或问题，不需要大家提出新概念，而是要想出具体的行动和方案，那么你就应该选一个天花板较低的房间。如果你需要大家先是进行创意思考，提出创新想法，然后再考虑具体实施方案，那你就准备两个房间。这样做虽然会贵一些，但是，如果它能帮助团队把创新思考变为具体的行动计划，那也值得。

可是，如果你要准备的会议是一场谈判呢？也就是说，它不是为了寻找想法，而是更关乎利润。谈判场所的环境会不会影响人们的行为，最终改变结果呢？例如，应该把谈判地点选在你自己的办公室，还是去一个你没那么熟悉的地方？在哪个环境中，你的说服力更强？

下一章里，我们就来仔细看看说服科学会给出怎样的答案。

CHAPTER

27

主场还是客场

1989年，冷战结束时，在马耳他海岸边的两条船上（苏联巡洋舰Maxim Gorky和美国海军巡洋舰Belknap），美国总统乔治·布什（George H.W. Bush）和苏联最高领导人米哈伊尔·戈尔巴乔夫（Mikhail Gorbachev）进行了会谈，这就是马耳他峰会（Malta Summit）。1995年，在美国俄亥俄州代顿（Dayton）附近的赖特－帕特森空军基地（Wright-Patterson Air Force Base），波斯尼亚（Bosnia）和黑塞哥维那（Herzegovina）签订了和平条约《代顿协定》（*Dayton Accord*）。把谈判地点选在“中立”的地方，这个做法由来已久，可以追溯到几百年前——例如，法国拿破仑一世（Napoleon I）和俄国沙皇亚历山大一世（Czar Alexander I）签订的提尔西特条约（Treaty of Tilsit）就是在Neman River上的一个小筏子上签署的。

不是只有国际和平谈判才会把地点选在中立地点。进行劳资谈判的时候，工会代表为求公正，一般都更愿意在酒店会议室谈判，而不是去公司总部。

在上一章中，我们谈到了天花板的高度会对创意思考造成什么影响。但现在请你设想一下，你的下一次业务会议是为了创造**商业结果**，而不是酝酿**创新想法**。地点上的小小改变，比如把谈判设在你的办公室里，而不是在一个你不大熟悉的地方，会不会也能让结果大为不同呢？

简单点儿说，有没有“主场优势”这回事？

要是你向体育迷提出这个问题，你会得到一个清清楚楚的回答：“当然有了。”一支球队在主场打比赛时，他们的支持者会普遍希望他们比在客场时打得更好（面对同一个对手）。事实上，都没必要去问球迷的看法，明明白白的证据就摆在那儿。差不多每一种体育赛事都是这样，在其他条件相同的情况下，拥有“主场优势”的球队往往胜出次数更多。

行为科学家格雷厄姆·布朗（Graham Brown）和马库斯·贝尔（Markus Baer）想知道，这个绝大多数体育迷都知道的规律是否也适用于商界。他们招募了受试者，把他们每两人分成一组，进行模拟的商业谈判，其中一人充当采购人员，另一人是供应商。为了重现真实生活，谈判的一大部分都集中在价格问题上，采购人员希望把价格尽量压低，而供应商希望尽量卖得贵点儿。

研究人员用了一个聪明的办法来造成“主场”和“客场”。也就是说，谈判是发生在自己的地盘上，还是对方的地盘上。主场里的受试者可以把谈判环境变得个性化，比如把写有自己姓名的牌子贴在办公室外、选择座椅、在墙上张贴海报和明信片、把下一步的行动细节写在白板上，然后保管这间办公室的钥匙。

当这些“主场选手”布置办公室的时候，“客场选手”被领到另一个地方，他们被告知，谈判将在对手的办公室里进行，对手们正在那儿执行一个跟谈判完全没关系的任务。一旦主场选手准备好了，“访客”就被带进去，谈判开始。

与体育界的主场优势现象一样，研究人员发现，身在主场的受试者在谈判中的表现都比对手强——无论他们扮演的是采购人员还是供应商。这说明，一个看似很小的决定，比如在哪儿进行谈判，其对结果的影响程度可能远远超过你的预期。

可是，这到底是怎么回事？在体育场里，5万名球迷能够激励一支球队好好表现，更不用说影响裁判的决策了，可在谈判桌上，这些因素都不存在。其实，与前文里的“天花板研究”一致的是，发挥影响的是谈判环境的设置。与中立地点相比，在“自己家里”谈判会提升谈判者的信心，在“家门外”谈判则会削弱信心。

所以，下次谈判的时候，如果对手邀请你去他们那儿谈，那么较为合理的做法是，你提议对方做个小调整，换到某个中立的地点去谈。更好的是，请他们到你的办公室来，因为这不但会帮助你取得更好的结果，你的同事们也有机会像主场球迷一样，在听到你胜利的消息之后为你高声欢呼。

CHAPTER 28

如何让自己变得更强大

在前面的章节中我们提到，环境中的某些特性能对人的行为产生深远的影响。当房间的天花板比较高时，人们的创造力就会提升，因为环境在不知不觉间激发了思维，让人的想法不那么受局限。如果大学生在上课前拿到的是热饮而不是冰饮料，他们对讲师的评分就会变高，因为热饮引发了温暖的印象。在自己的地盘上进行谈判的人，一般都会取得更满意的成果。

在上述所有例子中，这些针对环境的小调整都是由第三方做出的，他们非常清楚这些行为的显著效果，而受试者却并不知道发生了什么。但是，如果你的目标不是影响他人的行为，而是改变自己呢？例如，想找工作的人应该对准备工作做出哪些小小的调整，好让自己表现得更好一点儿，增大自己获得梦想工作的机会呢？

行为科学家乔里斯·拉默斯（Joris Lammers）、戴维·杜波依斯（David Dubois）、德里克·拉克（Derek Rucker）和亚当·加林斯基认为，应聘者可以做一个非常简单的小改变：回忆一个让自己感到强大有力的时刻。为了验证这个想法，研究者们设计了一组实验。

在一个实验中，受试者被分成了应聘者和面试官两种角色。面试开始前，应聘者又被分成了两组，他们需要完成一个热身任务，目的是“帮助他们熟悉写自述的过程”。其中一半人拿到的题目是写一段让他们感觉到自己强大有力的经历，而另一半人要写的是曾让他们感到无助的经历。

经过适度的鼓励，体会过强大或无助的感受之后，受试者看到了一则刊登在全国性报纸上的招聘启事，岗位是销售分析师。研究人员请受试者们假定自己拥有这份工作所需的教育背景和相关工作经验，针对这个岗位写一封求职信。写完之后，他们要把求职信装进信封并封起来，交给研究助理。

随后，这些求职信被随机分配到面试官手中。需要提出的是，这些面试官完全不知道应聘者事先做的那个写作练习。工作人员带领面试官们仔细阅读求职信，在这个过程中，他们对申请者形成印象，做出判断，然后说出雇佣这名应聘者的意愿程度。

分析结果时发现，比起那些描写有过无助经历的应聘者，写下强有力感受的应聘者得到工作的机会更大。这个结果清晰地表明，写下让自己感觉强大有力的经历，这么一个小小的举动就能让结果大为不同。

但反驳观点是，这个实验只是测量了书面申请受到的影响。找工作的时候，不管求职信写得多么天花乱坠，也不大可能只凭一封信就得拿到工作机会。研究人员考虑到了这一点。由于找工作时一般都要面试，他们设计了另一个实验：受试者要参加一个15分钟的面试，来申请就读商学院。

第二次实验的设定跟第一次一模一样。两组申请人要么写一段让自己感到强大有力的经历，要么就写一段让自己感到无助的经历，而除此之外，研究人员添加了一个对照组，这些人不用写任何东西。

面试结束后，面试官评估这些申请人的说服力，然后做出录取决定。与第一次试验相一致的是，面试官认为写下强大经历的那组人更有说服力。与对照组相比，有力组的申请人给人留下了更有说服力的印象，而无助组的申请人表现得说服力较弱。正是说服力度的差异最终影响了总体结果，而且影响程度很大。

对照组中，不到一半的申请人被录取了。无助组中只有26%的人被录取了。而强有力组中，将近70%的人都被录取了。

换种方式来衡量，与对照组相比，对过往积极经历的回忆把录取机会提升了81%，与无助组相比，这个数字更显著高达162%。

因此，当你要申请升职或签约新客户的时候，你可以把这个小小的改变应用起来；除了这个明显的建议之外，这些研究对招聘机构和工作中心也有重大启示：这些机构可以通过这种方法——鼓励应聘者回忆并写下曾让他们感觉到强大有力的时刻——来帮助应聘者提升面试表现。对于那些失业了一段时间的人来说，这一点大概尤其重要。需要注意的是，这个做法的时机很重要，应该让应聘者在面试就快开始的时候写，而不是提前几个小时，甚至几天。

有趣的是，心理学家达娜·卡尼（Dana Carney）、艾米·卡迪（Amy Cuddy）和安迪·亚普（Andy Yap）提出了另一个能让人感觉强大有力的方法：使用强势的身体语言。卡尼和同事们指出，有两种典型的身体语言会暗示出人的心理状态是弱还是强：舒展程度（身体占据的空间有多大）和开放程度（肢体状态倾向于开放还是封闭）。心态强大有力的人，体态会显得舒展开放，而软弱无力的人则会显得局促、封闭。

在这项研究中，工作人员告诉来到实验室的受试者，这项研究是为了测试放在身体不同部位的电极对生理状态的影响。实际上，这只是个幌子，卡尼和同事们的真正意图是请受试者摆出各种姿势。研究人员发现，被要求摆出舒展、开放的身体姿态（比如身体朝桌子前倾，把手臂坚定有力地放在桌面上；或是坐在椅子上，双臂放在脑后，双脚放在桌面上）的受试者，比摆出局促、封闭姿态（例如双臂交叉抱起，坐在椅子上，脚踝也要交叉合拢）的受试者感到更加自信、有力。

更引人兴趣的是，做出强有力姿态的受试者，体内睾丸素（一种与控制有关的荷尔蒙）的浓度上升了，而皮质醇（一种与压力有关的荷尔蒙）的浓度下降。这项研究表明，如此微小的一个变化——你让身体呈现出怎样的姿态——就能产生如此巨大的差异，而且这不仅仅是心理上的，身体上也出现了反应。

这是不是意味着，卡尼、卡迪和亚普建议你在面试的时候，要把脚跷到面试官的桌面上？当然不是。但他们的研究表明，如果你在电话面试中这么做，或是在面试开始前不久这样做一下，你就有可能会感到更加自信，而这份看似区别不大的自信感觉很可能就是帮你赢得梦想工作的关键因素。

C H A P T E R

29

你所需的只是爱

1967年6月25日，全球共有大约4亿观众一起收看了世界上第一次通过卫星传送的现场直播电视节目——《我们的世界》（*Our World*）。两个半小时的时间里，将近20个国家的艺术家们在节目中露面，有歌剧演唱家、男童合唱团、放牛的牧场主，偶尔还穿插着一些教育性质的片段，比如对东京地铁系统和世界时钟的介绍。但是，深深铭刻在大多数观众记忆中的，是节目末尾时的节目。

应英国广播公司“表演一支让所有人都能理解的歌曲”之邀，甲壳虫乐队演唱了那首《你所需的只是爱》（*All You Need Is Love*）。鉴于当时越战正酣，有人猜测这首歌的作者约翰·列侬（John Lennon）想借这首颇为直白的歌曲，用艺术来宣传自己的思想。但是，不管这里头是否蕴含着隐藏的深意，极少人会反对列侬的看法：爱有着联结和治愈的力量。

身为说服科学家和实践者，我们也认为爱蕴含着影响的力量。不过，我们没打算建议你对着全世界高歌——听闻此言，你大概松了一口气吧。其实，我们打算建议做的事情要小得多：只是在你的影响行为中添加一点儿象征爱意的线索就行了。

毋庸置疑，自从创世伊始，爱的概念就对人类的生活产生着莫大的影响，而且也必将持续下去。所以，得知下面这个事实你可能会很惊讶：直到最近，也没有多少人去研究爱对说服的影响效果。

法国行为心理学家雅克·费希尔－卢库（Jacques Fischer-Lokou）、卢博米尔·拉米（Lubomir Lamy）、尼古拉斯·盖冈（Nicolas Guéguen）主持了一项实验。研究人员在一条购物街上拦住行人，请他们参与一项调查：回想人生中一幕满含爱的场景，或是一首有意义的乐曲。行人完成调查继续往前走，几分钟之后，有个手拿地图的人会向他们问路。结果，那些被要求回想有爱场景的人，明显愿意多花时间帮助别人找路。

另一项研究中，盖冈和拉米证明了，单是在捐款呼吁中加入“爱”这个词语，这么一个简单的举动就能大幅提升善款数额。当研究人员把“捐助=帮助”的字样贴到标准募捐箱上之后，比起只贴募捐基本信息时，捐款数额上升了14%。可是，当研究人员把“帮助”二字换成“爱”以后，也就是标牌上的字样换成了“捐助=爱”之后，捐款数额上升了90%以上。只需换一个词，小改变就带来了大影响。

餐馆的服务生也能从爱的强大说服力中获益。盖冈所做的一项实验中，服务生在结账的时候，把账单对折，用桌上的一个盘子压住。然后他拿来两颗糖放在盘子上，转身走开。盖冈的团队把这个实验做了上百次，观察结束后，他们会看食客给的小费有什么变化。显然，有一组食客不仅更愿意给小费，给的数目还比别人多许多。那么，是什么让他们这么做的？

你大概以为，这跟盘子上那两颗糖有关系吧。或许糖纸是红色的，象征着跟爱有关，又或许糖块做成了心形的。可是，多给小费的行为跟糖完全无关，真正起作用的是压住账单的那个盘子。参加实验的食客们完全不知道，盘子总共有3个形状：圆的、方的，心形的。拿到心形盘子的食客给的小费比圆盘组高出17%，比方盘组高出15%。

所以，这是怎么回事？研究人员认为，象征爱的东西犹如一个提示线索，会让人们做出与爱有关的行为。在餐馆实验中，象征物就是心形的盘子，而食客做出的就是蕴含着帮助和给予意味的、给小费的行为。

如果这种爱的关联能够提高服务生拿到的小费——用心形的盘子送账单，或是用更为简单的方式，在账单上画个心形，那或许慈善商店可以把店内出售的二手衣服的价签从圆形或方形换成心形的。募集资金的人应该在捐款网页上加上心形图案。你家孩子们在为下周的游泳比赛拉赞助时，或许可以在宣传单的顶端画上大大的红色爱心，没准就能筹到更多的钱了。

CHAPTER

30

完美礼物哪里找

如果你让别人去评价一下他们挑选礼物的水平如何，比如朋友的生日礼物，或是同事的退休礼物，大概绝大多数人都会说自己很擅长做这种事。然而，如果你问同一批人，他们的朋友、家人和同事送礼物的水平怎么样，那你多半能听到许多“惊悚”的礼物故事——他们收到过五花八门、各式各样的搞笑东西，从十分可疑的“手编”毛衣，到俗气的小摆设，或是通上电就能唱歌的鱼。事实上，如果人们真的能像自以为的那样，是个选礼物高手的话，那么“你为啥给我买那玩意儿”（www.whydidyoubuymethat.com）和“蹩脚礼物集散地”（www.badgiftemporium.com）这两个网站大概就要关门歇业了。

幸运的是，研究者们发现了一个非常简单的好办法，保证你送出的礼物换来的是兴奋的尖叫，而不会让人惊得倒抽一口冷气。

全美零售联合会（National Retail Federation）于2008年做的一项调查显示，大约有50%的美国人希望每年至少能退还一件节日礼物，这清楚地表明，接受礼物的人并不像送礼的人设想的那般珍惜这些东西。注意到这个颇为震惊的数据之后，研究人员弗朗西斯卡·吉诺（Francesca Gino）——出色的《分心》（*Sidetracked*）一书的作者——和弗兰克·弗林（Frank Flynn）对这个问题产生了兴趣：对于礼物的品质和实用性，为什么送礼的人和收礼的人总是想不到一块儿去？他们还认为，这事有个简单的解决方法：想要送礼物的人在买东西之前应该先问问朋友、家人和同事，请他们把想要的东西列个单子，然后从这张清单上选一样送给他们。

这样做的顾虑之一，就是这可能意味着送礼物的人并不很了解对方，所以没法选中合意的礼物。更糟的含义是，送礼物的人并不愿意花时间和精力去挑选合适的礼物。然而，吉诺和弗林猜想，如果拿到的礼物就是自己真心想要的，收到礼物的人其实会觉得送礼的人更加细心周到，善解人意。

在一项研究中，吉诺和弗林选取了一批已婚夫妇当作受试者。他们请其中一半人回忆给别人送结婚礼物的场景，另一半人回想当初自己收到结婚礼物时的场景。此外，回忆“送礼”的那一组人中，一半人要回想一件按照对方的心愿单购买的礼物，另一半则要回想一件没按照对方心愿单购买的礼物。

同样，回想“收礼”的那组人里，一半人需要回想一件的确属于自己的心愿清单上的礼物，另一半人需要回想一件不在心愿单之列的礼物。

虽然受试者们回想的礼物在金钱价值上都差不多（平均在120美元左右），但在某些相当重要的方面，他们对礼物的感觉很不一样。

具体来说，对于送礼物的人来说，那样东西在不在对方的心愿单上，区别不大——他们都认为对方对它的喜爱程度是差不多的。可是，对于那些回想收礼情景的人来说，比起礼物不在心愿单之列的，收到心愿清单上礼物的人对这件东西的喜爱和感激之情要大得多。

虽然老话说“选礼物，心意最重要”，可这项研究表明，最不需要花心思的礼物——只需简单地从对方开出的清单上选一样——其实最受欢迎。从某方面来看，这并没那么令人吃惊。正准备结婚的小两口大概更愿意收到心愿清单上的礼物，因为那张单子上多半列得都是新家庭里真正需要的东西——最好不要漏掉、也不要重复的东西。没有哪对新婚夫妇需要三个芝士盘的，除非他们住在威斯康星州（Wisconsin）[1]，或者这俩人的名字刚好叫作“米奇”和“明妮”。

但是，如果送礼物的背景不一样呢？比如说，是生日礼物而不是结婚礼物？研究者们也考虑到了这一点，他们做了一批额外的研究，所有的结果都呈现出相同的模式：送礼物的人以为，不管这件礼物是不是收礼的人主动要的，他们的开心程度和对礼物的喜爱程度都不会受到影响。可实际上，当收礼的一方收到的是他们曾经说起过的、想要的东西时，他们显然更开心，对它也更为喜爱。

在另一个实验中，吉诺和弗林随机挑选了受试者作为送礼人和收礼人，让他们两两随机结对。每个收礼物的人需要在亚马逊网站（Amazon.com）上挑选十个价值20～30美元的礼物，选择结果会形成清单发送给送礼人。一半的送礼人需要从清单上挑选一个送出去，而

1　威斯康星州是美国的乳业基地，盛产芝士。——译者注

另一半人不能参考清单，需要另买一个送给对方。又一次，研究人员发现，那些被告知不能按照清单买的人，跟按照清单买的人同样自信——他们都认为收礼的人会喜欢收到的东西。可是，当研究人员分析收礼人的评价时，他们发现，收到清单上的礼物的人，明显更加喜欢那个东西。

对礼物的喜爱程度是一个重要的决定因素，这不但会影响收礼人日后的回报热情，也会影响他的开心程度。所以，这项研究对我们与他人的沟通有着重要的提示价值。它告诉我们，送礼物的时候，应该想办法摸清对方真正想要什么，不要自己瞎猜。这个小小的改变是个双赢的做法，人人都满意。一个办法是，给收礼物的人一沓即时贴，让他们把杂志上想要的东西标出来，作为以后的礼物备选。另一个方法是，看看随处放在家里的购物型名录上有哪些页面被折角做了标记。

在工作中也是一样，例如，请客户吃饭的时候，应该带人家去那个他们提了好多次的新餐馆，而不是你最喜欢的那一家。无论怎样，从对方的清单上挑选（而不是从你的），这个小小的改变，能让对方的感激程度发生很大的变化。这个方法还会有以下好处：确保你送出去的礼物不会沦落到礼品处理网站上或是垃圾桶里——或许更糟的是，出现在明年你收到的那堆礼物中。

CHAPTER

31

为互助留出余地

很久以前，科学研究就证实了慷慨的价值。赠予别人礼物、向他人伸出援手、为别人提供服务或帮助……做了这些事情之后，我们的人缘会变得更好，身体甚至也会变得更加健康。何况，那些接受了好意的人们一般都会做出回报的准备。这一条益处来自于互惠原理（reciprocation），意思是，在收到恩惠后，人们愿意以相同的方式来回报。

所有的人类社群都会把这个道理灌输给成员，而且是从娃娃抓起。原因很简单：倡导群体成员在至关重要的互动领域里——比如商业、防卫、医护——互惠互利，会为群体带来重大的竞争优势。放到职场中说，这条原则意味着，如果某位同事在某个项目中向你求助，而你伸出了援手，比如说花精力帮忙，给他们提供资源或特殊的信息，那么日后当你在某个重要项目里需要帮忙的时候，他们会很乐于出手相助。

既然当个“施予者”有这么多好处，人们很容易认为，在工作中多多给予必定是通往成功的青云之路。不幸的是，人类的心理从不会这么简单。真实的情况是，好事情过了头，也有可能变成坏事，就连助人为乐也是如此。以组织心理学家弗兰克·弗林的研究为证，他分析了一家大型通讯公司的员工们助人的结果。他统计了员工们帮助同事的次数，以及两个值得关注的后果。第一个后果是帮助他人对此人在组织内部社会地位的影响——换句话说，就是在同事们看来，这位帮助别人的人在公司中的价值有多大。如你所料，越是慷慨地拿出时间和精力来帮助同事的那些员工，在别人眼中的价值感越高。在职场中获得广为人知的社会地位，这可是个不小的功绩，也是慷慨给予者能得到好人缘的明证。

但是，弗林统计的第二个后果——工作中的生产力——就没那么乐观了。个人生产力的8个指标（其中既包括工作的品质，也包括工作数量）显示，最乐于助人的那批员工的生产力明显比不上其他同事。为什么？因为他们总是忙着帮助别人干活，都没法把足够的心思放在自己的分内事上了。

我们该从中汲取什么经验教训？如果在工作中做一个豪爽大方的给予者能够为我们赢得较高的社会地位，却同时也削弱了我们做分内工作的生产能力，我们应该怎么做才好？弗林的另一项研究给出了确定的答案。这项研究发现了一个不起眼的指标，却能够同时增强助人者的社会地位和生产力。这个指标不是帮忙的次数，而是“互助”的次数。先是为对方提供有益的帮助，然后得到对方回报过来的有益帮助，这会把给予的良好效益放大到最大程度——不但他们自己受益，有份参与的每个人都能受益，因为给予者的地位提高了，生产力也提高了。请记住，这个结果与互惠原理是高度一致的，互惠原理对所有成功的群体来说都至关重要，因为它促进了互助互利的行为。

这些成果给了我们明确的启示。首先，我们应该大方主动地在工作中帮助他人。要注意，最重要的一点就是你要第一个行动。第一个出手相助会激活互惠原理，并因此增加未来的互助次数——对于职场中的共同成功，这个因素至关重要。

第二，要把你提供的帮助或有价值的信息做个定位，把日后对方可以全力回报你的可能性凸显出来。这就需要我们把平素的反应，也就是听到对方感谢我们时，我们所说的话，做个微小却重要的调整。这个调整能为你的未来合作和影响行为带来惊人的巨变。以下就是我们推荐的三种应答方式，用它们来回应对方对你的感谢：

1、“能帮上你的忙我很高兴，因为我知道，当一个人需要帮忙的时候，别人的一双援手是多么有价值。”

2、“不客气。同事之间理当如此。”

3、“没关系。因为我知道，如果需要帮助的是我，你也会这么做的。”

总结一下，想要从职场中的给予行为中得到最大的益处，关键的做法就是“为互助留出余地”，这需要两个很小却至关重要的步骤：率先提供帮助、信息或服务；一定要在回应对方时，明确地为你提供的帮助定位——这是一个自然的、平等的互惠行为，这样你就为日后的互助留出了机会。

这个研究也给了我们另一个重要启示。弗林指出，作为正式绩效评估的一部分，许多组织都要求管理人员在诸多方面对员工打分，其中一项指标就是员工乐于助人的程度。弗林建议，管理人员不仅应该评估员工帮助别人的次数，也应该统计他们向同事们求助的频率。管理层应当把这两个指标解释给员工听，告诉大家为什么这两个行为都很重要。在组织上下倡导互助互利的行为，会对生产力最大化极有帮助。

身为作者，我们希望你能从这些“四两拨千斤”的做法中得到许多好处，工作中如是，生活中也如是。如果你感到这一章尤其有用，请让我们这样回答：“……”。（从上面三种回答里挑一个吧。）

C H A P T E R

32

表达感激好处多

在前一章中，我们讨论了主动助人并为互助互惠留出余地的重要性，这些做法能够非常有效地提升你的影响力，而且不仅是在提供帮助的当下，它的威力还能够延伸到将来。由于互惠原理鼓励人们在得到恩惠之后应当报答，所以，当你想要培养新的人际关系、在团队中创造出积极性、与他人建立长期合作机会的时候，率先给予是一个格外好用的工具。

但是，互惠原理不是单行道。给出帮助的人显然能获得许多影响力方面的好处，但容易被人忽视的是，得到帮助的人其实也有不少树立影响力的机会。

行为科学家亚当·格兰特和弗兰西斯卡·吉诺认为，得到帮助的一方提升影响力的一个方法就是，向提供帮助的人明确地表达感激之情。在验证这一看法的实验中，受试者收到了一封电子邮件，内容是请他们看一封某人的求职信并给出反馈意见。发出反馈和评论之后，受试者又收到此人的一个请求，这次是请他们再看一封求职信。

然而，这第二封邮件有两个版本。对照组收到的是一封普通的邮件，求职信作者确认收到了反馈，然后就提出了新要求。但另一组收到的是“感激版本”，其他内容都跟普通版的一样，只不过求职信作者添了一点儿东西：热情地表达了他的感激之情。（“太感谢了！我打心眼儿里感激您。”）

这区区十几个字造成了什么效果？研究人员发现，有了这两句清楚地表达感谢的话，愿意回应新请求的人数提升了一倍还多。

但格兰特和吉诺的实验还没做完。他们还想知道，对给予帮助的人表达谢意能不能产生更广泛的影响。说得具体点儿，研究人员的问题是，向一名提供帮助的人表达感激，会不会让这个人更加愿意帮助别人？为了验证这个想法，他们又做了一组实验。这次的实验与第一个在许多方面都是相似的：受试者帮某个学生看求职信并提出反馈意见，这个学生要么简单地表示了确认收到，要么清晰地表达了感谢之情。但在这个新实验里，再次提出的帮忙请求不是来自这名学生的，而是来自另一个完全陌生的人。

再一次，研究人员发现，对第二个帮忙请求的回应率提升了一倍多。

想想这个发现的重要含义吧。单是对给予帮助的人真诚地表达了谢意，就能把这个人帮助陌生人的意愿程度提升一倍。格兰特和吉诺收集到的额外数据强有力地证明，之所以会出现这种现象，是因为表达感激提升了给予帮助的人的社会价值感。换句话说，听到感激之后，给予帮助的这个人更有可能感受到他人的肯定，觉得自己更有价值了。

但值得追问的是，在实验室之外，在快节奏的、真实的职场环境中，这些令人印象深刻的发现是否仍能再现？格兰特和吉诺觉得应该可以，因此他们打算测试一下，真诚的感谢是否能对员工的工作积极性产生正面影响。他们把实验地点选在了一个募集资金的呼叫中心，因为他们知道，筹集资金的工作得到的感谢格外少，工作人员往往得到的是拒绝和消极的反应。

实验中，一半员工照常上班，没受到任何干预，这是对照组。但是，另一半员工上班的时候，筹款项目的主任来到呼叫中心，感谢他们所做的工作。主任特别表明，“我非常感激各位的辛勤工作。我们真诚地感谢大家对学校做出的贡献。”就这么多。没有握手，没有拥抱，没有答谢礼物——只有这几句大白话，区区几十个字而已。

研究人员记录了干预发生前后这些员工们呼出的电话数量。在接下来的一周里，对照组的员工拨出的电话与往常持平，而得到感谢的那一组拨出的电话比平常多了一半还多。想想这个微小却重要的改变造成的影响吧。就算这些多打的电话成功率跟平常一样高，但光是数量的增加，也能提升捐款的数额了。

这项研究告诉我们，小小的一个表达感激的举动，看似不起眼，却能造成如此积极的影响。虽然说表达感激似乎是应该的，但想想看，你是不是经常机械地说一句“谢谢”，却没有把感激的程度真诚地表达出来？或者是不曾解释你感谢的缘由？有多少次你想要给别人写一张致谢的便条，却不知为何总是忘掉？你不仅错过了真诚感谢别人的机会，也错过了在日后更容易影响他人的机会。

这项研究建议，管理人员和组织机构应当积极地寻找机会，清楚地表达感谢。这样做有助于在组织中培养出感恩的文化，让成员们变得更加文明有礼。

政策制定者和公务人员也能从表达感激这个小小的行为中获益。认可并感谢民众做出的努力，感谢他们保持市容整洁、维护社区安全、积极采用环保的生活方式，这样做的成本肯定比采用物质奖励手段或亡羊补牢要低得多。

这是否意味着你很快就会收到国税局或市政府寄来的“感谢您缴税”的卡片，这还尚待分晓。

但我们敢说，要是真收到了，你会挺高兴的。

C H A P T E R

33

出乎意料与抛砖引玉

英格兰北部，约克夏（Yorkshire）的一个村庄里，对于每周都到柯克西顿（Kirkheaton）教区的圣约翰教堂（St. John's Church）做祈祷的教众们来说，这是个再平常不过的周日清晨。就连天气都是典型的11月会有的天气——天空澄澈晴朗，但气温很低，预示着冬天马上就要来了。一些常来教堂的居民走进教堂，摘帽子脱大衣，坐下的时候礼貌地跟其他人点头示意。对许多人来说，他们坐的是老位子：过去几周，几个月，甚至是几年，做祈祷时他们总是坐在那儿。

一切如常，没有任何异样。

然而，对于教堂的牧师理查德·斯蒂尔（Richard Steel）来说，2012年的这个周日清晨是非比寻常的。他面临一个挑战。过去7年来，他一直在为维修这个维多利亚时代的教堂募集款项。筹款行动相当成功，通过各种各样的捐助、呼吁、倡议活动，他筹集到了将近50万英镑（约合75万美元）的资金。但古老教堂的维护费用十分高昂，其消耗资金的速度之快，就连最有韧劲儿、最有说服力的神职人员也感到力不从心。斯蒂尔牧师清楚，就算他已经尽心尽力地筹到了惊人的50万英镑，可悲哀的是，这还不够。到了再次筹款的时候了。可他该怎么做呢？多年来，教众们已经奉献了这么多，他该如何说服他们再次团结起来，凑够维修教堂的费用呢？

他用的办法既鼓舞人心，又聪明绝顶。这个办法不但筹集到了继续维修教堂所需的资金，也为如何成功运用影响力的基本原则提供了绝佳的例证。

斯蒂尔牧师决定，他要把教堂的钱送出去。

按照传统，在做礼拜的某个环节中，教众应该从口袋或钱包里拿出善款，放到传递过来的募捐箱或募捐盘中。但这一天，牧师对困惑的教众们解释道，今天的募捐跟往常不一样。他没有请教众们往募捐盘里放钱，而是请他们从盘里拿钱。正当人人都目瞪口呆之际，一个装满了簇新10英镑钞票（大约15美元）的募捐盘传了过来，牧师请每一个人都从里头取一张。

非比寻常的“发钱”环节结束的时候，教堂大概发放了550英镑（大约825美元）的钞票。牧师告诉教众，大家可以用这10英镑去做各种投资，只要他们觉得合适就行，而他希望大家将来能把收益回馈给教堂。

要让一个牧师把已经筹到的资金送出去，这是需要勇气的。像斯蒂尔牧师所用的这种方式，更是需要远见卓识。

先把资源送给别人，这启动了影响力的一个基本原则，也就是互惠原理。正如我们在前面的章节中讨论过的，互惠原理在接受人的心中挑起了强有力的偿还义务感，让人想要以同样的方式把得到的恩惠返还回去。这种感觉往往伴随着健康的回馈行为。营销人员知道，免费送给客户的试用小样会引起购买，利润足以补偿那份“礼物”的成本。聪明的领导者明白，通过率先倾听、提供帮助、主动找出那些需要帮助而不是能帮助自己的人，他们能够提升日后影响行为的成功率。与本书主题相符的是，这种率先做出的行为可以很微小，往往是不花成本的。然而，回报却可能超乎我们想象，由于聚拢了一群心悦诚服的人，商家会赢得忠实的客户，领导者获得了高产的合作关系。

明白互惠原理的强大力量的，可不只是精明的营销人员和管理者。社会学家们也认识到，在每一个社会中，都存在着给予、接受、偿还的义务。这是一种存在于社会黄金法则中的期望，作为文明进程的一部分，这个法则告诉我们，“给予别人，就像你希望别人给予你那样。”请注意，这个黄金法则说的不是“给予别人，就像别人曾经给予你的那样”。这条法则告诉我们，有影响力的人总是率先采取行动。在他精明而娴熟的影响力策略中，斯蒂尔牧师示范给我们看的，正是“率先采取行动”——先给予，而不是先索取。

但是斯蒂尔牧师知道，让这个策略取得成功的，还有一个不可缺少的关键因素。

虽然社会确实要求我们以同样的方式去偿还他人给予的礼物、服务等行为，但在现代生活中，信息泛滥到这种程度，让我们很难一下子分清四面八方涌来的资源。新的免费试用样品往往会把老的挤走；有价值的信息很容易就被另外一些有价值的、竞争性的信息覆盖住了；对客户或同事提供的帮助很快就会被来自竞争对手或另一个同事的帮助取代。

在这种背景下，一个令人悲哀却又发人深省的领悟是：在当今世界，单是抢先给予已经不够了。为了让自己的努力脱颖而出，我们越来越需要一个关键的因素。值得注意的是，虽然它能带来巨大的回报，这个关键因素其实非常简单，但又非常容易被忽视，有时候甚至被人们完全忽略了。

这个关键的因素就是**出乎意料**。

用出乎意料的方式，率先给出一份礼物、服务，甚至是信息也行，这会带来巨大的收效。在早先出版的《如何让人点头称是》一书中，我们讲述了一个餐馆服务生如何收到更多小费的研究案例：把账单拿过来的时候，给每位食客送一颗糖。通过这种方法，他们得到的小费升高了3.3%。如果他们给每人送两颗糖，小费会进一步提高（14.1%）。但第三种方法显示出，出乎意料的方式会带来更加显著的成效。如果服务生先是给桌旁的每位食客送一颗糖，然后过一会儿之后，他再回来给每人加送一颗，这个出乎意料的额外礼物让小费提高了21%。

从意外礼物或意外帮助的强大影响力中获益的不只是餐馆服务生而已。从事消费者研究的卡丽·海尔曼（Carrie Heilman）、肯特·中本（Kent Nakamoto）和安巴·拉奥（Ambar Rao）发现，如果超市在顾客进店之后再送给他们一些惊喜礼券，比起事先发放优惠券，顾客的平均花费会上升11%。由此看来，零售商只是改改送优惠券的时机就能获利颇丰。出乎意料的“礼物”放大了顾客积极正向的反应。

从以预料之中的方式率先给予，到以出乎意料的方式率先给予，正是这个重要的改变让斯蒂尔牧师的方法大见成效。没错，他也可以邀请一些教众来开个头脑风暴会议，请大家集思广益地想想新的筹款方法，为了吸引更多人参与，还可以主动提供咖啡和小饼干。这种做法也符合互惠原理，但是不大可能像这次的策略一样这么见效。

这些研究给我们的启示很清楚。虽然率先给出物品或帮助多半会有效果，但对这个基本原理最出色的应用就是用对方意想不到的方式率先给予。手写便条，而不是打印出来；给新客户寄一张个性化的“期待与您合作”的卡片；主动询问同事，在那个重要的工作任务中是否需要你帮忙。

这些改变看似微小，却往往能大幅度地提升收效。

说到收效，斯蒂尔牧师送出去的550英镑（825美元）投资怎么样了？那个出乎意料的周日早礼拜过去6个月后，一支驻扎在当地、当初报道过这件事情的BBC记者小组返回柯克西顿去跟进结果。他们的发现令人震惊。差不多每个拿了10英镑钞票的人都把它善加利用了，有些人的方法还格外新颖。一些人拿这笔钱购买了烘焙材料，举办了一个蛋糕义卖。有一个人用这钱登了个遛狗服务的广告，替人遛狗时顺便筹款。当地学校的一群孩子用这笔钱买了种子，把种出来的花草卖了个好价钱。还有些人用这些钱在eBay（易贝）上淘来东西又转卖出去，把利润全部返还给了教堂。区区6个月内，斯蒂尔牧师的投资换来了1万英镑（15000美元）——这是将近20倍的收益！

这是相当惊人的投资回报，也是“四两拨千斤”的绝佳例证。

CHAPTER

34

如何获得帮助

答案是……尽管开口！

看上去这简直就是明摆着的大白话，但我们先来看看社会科学家弗兰克·弗林和瓦妮莎·博恩斯（Vanessa Bohns）的研究。他们认为，想要求助的人往往低估了对方愿意帮忙的程度。他们设计了一组实验来验证这个想法。

在一组实验中，受试者的任务是询问陌生人是否愿意填写一份调查表。执行任务之前，他们需要对陌生人答应这个请求的可能性做出预测。具体点儿说，就是估计一下自己总共要询问多少个人，才能遇到5个愿意配合的陌生人。受试者们的平均估算是20个，但实际上，大家平均只问了10个人就完成了任务。也就是说，受试者低估了一半。

弗林和博恩斯把请求的内容更换了多次，比如请陌生人送自己走到附近的健身房，或是借手机打个简短的电话。实验的结果都是相似的。在另一项格外有趣的研究中，研究人员选中了一组准备为慈善筹款的受试者。筹款活动开始之前，弗林和博恩斯请受试者估计一下多少人愿意掏钱。再一次，大家的估算差不多低了一半。事实上，他们对捐款数目的估算也低了大概25%。

为了解释人们为何会如此轻易地低估他人愿意帮忙的程度，研究人员收集了额外的数据。简言之，他们发现，提出帮助请求的人会把着眼点放在对方同意帮忙后所花的成本上（时间、精力、金钱），同时却较少考虑对方要是拒绝提供帮助的话，会产生哪些社会成本（比如尴尬、磨不开面子、隐隐的内疚感）。

这里面的启示很明确。当你纠结着要不要开口求助的时候，需要注意的一点是，你很可能低估了对方愿意帮忙的程度。这样一来，你的工作效率或目标很可能会受到影响。

再深想一步。对于管理者和团队领导来说，这些研究结果格外令人心惊。因为可能有这种情况存在：你的团队成员在一件重要的工作任务上需要你的帮助，可他们错误地以为万一开口求助，你也不大可能帮忙。为了消除这种状况，你最好跟下属、同事和团队成员们先说明白：当他们需要帮助的时候，你很愿意帮忙。怎么做呢？把弗林和博恩斯的发现讲给大家听，然后告诉大家，你可不希望让这种误解破坏大家的绩效。

在另一组研究中，博恩斯和弗林提出了得不到帮助的另一个原因。不仅是求助的人低估了对方愿意帮忙的可能性，那些做好了准备、愿意帮忙的人也会高估了别人开口求助的可能性，这就造成了一个双重的障碍。需要帮助的人不好意思开口，能帮得上忙的人又没有伸出援手——因为他们错误地以为，既然没人开口求助，就是人家不需要帮忙呗。

因此，管理者和团队领导在表明自己很愿意帮忙的时候，一定要避免一个常见的陷阱：不要只是强调开口求助的“实际好处”。他们应该想办法事先缓解人们在求助时的尴尬和不自在。聪明的做法是，管理人员可以提起一段自己开口求助的往事，告诉大家，幸亏当初找人帮忙了，同时也明确地告诉大家，开口求助绝不像想象中那般尴尬。医疗行业的专业人士都希望患者能够不断地向他们寻求帮助和信息，他们可以在提供帮助时加上一个小小的、却令人安心的信号，比如一句“世上没有傻问题”的话，结果就会大为不同。

你可能想要把这一章复印下来发给大家看吧，那要记得做一个小小的、个性化的举动：把收件人的名字写在纸页端头。这么一个小举动，会为你带来更加显著的收效。

C H A P T E R

35

先下手为强

有时，谈判刚开始的几分钟有点儿像是拳击赛的开场：两名对手来回移动着脚步，谁都不愿率先出拳。就像有些拳击选手不愿意先出招一样，谈判的人往往也不愿意先开价。从某种角度来说，这是可以理解的。他们大概是担心先开价会泄露自己的策略，或是暴露弱点。

但是，这样想对不对？谈判的时候，或是在任何一个影响他人的场合里，是应该率先迈出战略性的第一步呢，还是应该让对手先出招？

根据社会心理学家亚当·加林斯基和托马斯·慕思韦乐（Thomas Mussweiler）的研究，在谈判中，先出招的效果要好得多。

在一连串实验中，研究者发现，无论受试者充当的是买家还是卖家，比起遵照指令按兵不动的那些人，遵照指令先出招的往往会赢得更好的谈判结果。例如，在一项实验中，想要收购一家工厂的买方率先开价，结果卖方最终应允的成交价平均在1970万美元上下。当卖家先开价时，买方最终接受的平均成交价是2480万美元。在工资谈判中，研究者也发现了类似的结果。

那么，是什么因素令谈判结果呈现出这么大的差异？最主要的原因是，当谈判中的一方先开价时，他们就把对方“锚定”在了这个数字上。因此，尽管对方的理想做法是不受这个数字影响，从自己的角度去评估谈判内容的价值，但他们常常做不到。相反，他们会把对手先提出的开价当作“锚点”，在后续的谈判中，一直低效率地围绕这个价格做文章。

为什么会这样？想象一下卖旧车的场景。当卖方先开出一个相对较高的价格时，有意向的买家就开始自动自发地思考所有能与这个锚点价格相符的信息。想想看，在这本书中，我们一直在讨论人们是多么积极地想要“高效率地做出正确决策”。听到这个非常高的开价，买家可能会问自己“为什么他要价这么高？”，然后琢磨着是不是应该纠正对方对价值的错误看法。

为了回答这个问题，买家不由自主地把心思放在了这辆车所有与这个高价相符的特性上，比如，豪华的外观、稳定性、出色的低油耗。现在我们来假设一下，如果是买家先开价（这个价格肯定会低很多）的话，情况会是什么样。卖家多半会自问“为什么开价这么低？”，然后自动去关注所有的低价因素，例如车身上有不少明显的小凹陷和划痕，行驶里程数已经不少，还有一种“旧车的味道”——现在他希望自己每天早晨在健身房苦练一通之后，应该马上就冲澡，而不是开车到家之后再洗澡了。

你先开了价，谈判对手就会自动去想这件商品（无论你们谈判的是什么）有哪些特性与这个开价相符，因此他会去琢磨，比起他的预想，这样东西的真正价值更接近这个最初的开价。所以，无论你的角色是买家还是卖家，是雇主还是想加薪的员工，是经理还是想多申请点儿工作资源的下属，你都应该仔细想想，在你的谈判中，哪个因素可以充当恰当的锚点，然后率先把它提出来，不要等着对手先说。就像加林斯基和慕思韦乐在研究中证明的，这个先出价的小小举动能够对结果造成巨大影响。

这个改变虽然小，但它能带来很大的回报。当然，你先开的这个价格要符合现实才行，不能超出界限。例如，要是你把那辆本田思域（Honda Civic）的价钱定在10万美元，那就有点儿离谱了，就算你声称它有种独一无二、其他地方没处去找的气味儿也不行！但是，只要你的最初开价处于合理范围内，你就应该率先出招，不要让对手先发力。如果没有抢占这个先机的话，开场铃声响过没几分钟，你大概就招架不住了。

当父母的请注意，跟孩子展开睡前谈判的时候，一定要抢先提条件！

当然，我们知道，你不一定每次都能先发制人。如果对手先开价了，你该怎么做？例如，买房子的时候，房价早在谈判之前就标出来了；许多公司一发出录用通知就把起薪数字告诉了新员工。幸运的是，加林斯基和慕思韦乐提出并测试了一个相当简单却好用得让人难以置信的策略，帮你绕开这个心理陷阱：把心思放在你自己的理想价格上。这样一来，你就会自动去思考那些跟对手的锚点不相符的信息了。

一个简单的做法是，参加谈判时，不但要在脑子里记着你想要的理想价格，你还应该把它合理的原因列成清单写下来。就算在谈判中你没能让每个人都明白这些理由，单是把它摆在眼前，就足以提醒你去对抗心中自动涌起的质疑，不会去想为什么你最初的判断不准确了。

CHAPTER

36

报价精确一点儿会更好

2013年夏天，英国阿森纳队（Arsenal FC）打算从对手利物浦队（Liverpool FC）购入乌拉圭前锋路易斯·苏亚雷斯（Luis Suarez），报价四千万零一英镑。与传统的整数报价相比，这个有零有整的精确数字掀起了轩然大波。这个安排是故意的：因为苏亚雷斯的合同中有一条是，如果其他俱乐部提出了超出4000万英镑的报价，俱乐部就有义务通知他。虽然报价非常高，但阿森纳还是没能收购成功。

在前一章中，我们讨论了谈判中的率先报价能够形成锚点，影响对手后续的报价和还价。我们能据此得出结论说，阿森纳队的失败是因为开价太精确吗（虽然他们的确是先开价的）？当然不能。苏亚雷斯转会这件事十分复杂，远不是简单的讨价还价。但有一个观点是成立的：这个非比寻常的精确开价造成了另一个效果——勾起了全世界的好奇心和关注。支持证据就是这件事闹得沸沸扬扬，一连几周都不曾平息，各家报纸的体育版都大幅报道，还推出了专栏报道（苏亚雷斯一向是个有争议的球员，他的名声无疑也起到了火上浇油的作用）。

除了报纸的体育版面，我们还可以转向另一个领域去寻找支持证据——精确的开价不但能吸引人的注意力，还能在谈判中具备强大的影响力。当然，这个领域就是说服科学。

行为科学家玛利亚·梅森（Malia Mason）和同事艾丽斯·李（Alice Lee）、伊丽莎白·威利（Elizabeth Wiley）和丹尼尔·埃姆斯（Daniel Ames）认为，要想取得更好的谈判结果，除了率先开价之外，还应该把价格定成一个精确的数字。在一项研究中，受试者参与了模拟的二手车销售谈判，他们扮演卖家，看到了三种潜在顾客的报价。一个报价是整数，2 000美元，另外两个是精确的数字：1 865美元和2 135美元。看到买家的开价之后，受试者要提出还价。有趣的是，看到精确报价的两组受试者，还价的幅度要温和得多：平均比开价高出10% ~ 15%。可是，拿到2 000美元报价的那一组的平均还价要比开价高出23%。鉴于这些结果，“给出精确开价”这么一个小小的额外举动，似乎拉近了谈判双方的距离。为什么？

研究者认为，接到精确报价的一方，更加容易认为报价方必定花了时间和心思来准备谈判，所以他们必定有充足的理由来支持这个精确数字。研究者做的后续实验支持了这个观点：谈判过后，他们收集了受试者的看法，发现受试者们比较同意这样的观点，“那个年轻人投入了不少精力去了解这辆车的价值”以及“他肯定是有充足的理由才开出这个价码的。”

还值得注意的是，研究者发现，无论这个精确报价是比2 000美元的整数报价高还是低，这种效应都存在。这样一来，我们就能总结出一个有趣的经验：当你想要卖掉那辆气味独特的本田思域时，你应该率先开出一个接近上限整数，但十分精确的数字，比如不要提4 000美金，而是3 935美金。这样你的价格能卖得更高一点儿。当然，如果你是买车的，面对那个开价开得异常精确的卖主，你可要格外当心。

这种精确的开价策略不只适用于二手车交易这样的一次性买卖。研究者们在许多不同类型的谈判中都发现了相似的结果。例如，在第二组实验中，研究人员把经验丰富的管理者和MBA两两分成130个小组，进行模拟谈判。与先前的研究结果一致的是，比起先提出整数报价的人，先提出精确开价的人得到的还价更加接近报价，接近程度比前者的高出24%。而且在每一组中，先开价造成的锚定效果都一直持续到了谈判结束。

正如我们在前面一章中建议的，为了得到更好的谈判结果，你可以做的一个小改变是率先开价。这项研究又给了我们一个启发，另一个重要的、能显著提升谈判结果的小改变就是，把这个开价的数字改得精确点儿。

因此，如果你要与潜在客户谈判，当你把所有的信息、设备、材料和资源都研究了一遍，做出一份极为详细的提案之后，千万别搬起石头砸自己的脚——不要把报价数字四舍五入变成整数，不要以为这样做会让准客户更容易答应你。相反，需在谈判中早早地把精确数字提出来。

谈加薪和福利待遇的时候，你也可以使用类似的方法。虽然10%的加薪幅度更简单明了，但你应该向老板提出9.8%，或是10.2%，这样一来，对方不同意的可能性就会小一些。当然了，你应该事先想好为什么要求这个数字——或许你这个职位的平均加薪幅度就是这么多。同样，如果一个保姆希望拿到每小时15美元的薪水，那她应该向孩子父母开价15.85美元，而不是16美元。

在项目管理中，当你要求大家按时完成任务时，这种方法也很有用。这项研究建议你，与其让大家两周内完成工作，还不如要求13天之内完成，这样更容易准时收工。同样，不要说下班前或本周内完成某项任务，应该把时间改得更精确点儿，比如，“周四下午3:47把它交给我好吗？”这个小小的改变不但能让大家更准时地响应你的要求，还能帮你更加高效地管理电子邮件，好让你周末腾出空来，看那些天价球员们在场上炫技呢。

CHAPTER

37

定价末尾数字有玄机

近期对美国一家大型超市的价格分析透露出一个有趣的事实：店内大约80%的商品定价都是以9结尾的。不是只有一家店这样做，甚至也不是某个特定的连锁超市在这样做。绝大多数零售商都会采取这个策略。而且，把商品价格定为奇数数字结尾，也不是美国市场的专利。德国、英国和新西兰也都采取了类似的定价策略。

那么，这个奇怪的“奇数尾数定价法”是怎么来的呢？有一个可能的原因要追溯到1891年，美国货币标准化的时候。当时，从英国进口的商品是要经过价格转换的，英镑换成美元之后，价格的尾数都是奇数。在人们的印象中，英国货总是质量更好，因此价格尾数是奇数的商品就跟“优质”挂上了钩。另一个经常被引用的解释是，尾数是奇数的定价方式能够有效地防止员工偷窃。由于价格是奇数，所以员工必须要给顾客找零钱，因此，私藏货款、不计入销售账目的事就变得更难操作了。记录显示，当梅西百货在20世纪初期采用了99美分定价策略后，销售增长了，随后全世界的零售商们都学会了这一招。

鉴于99美分的定价策略是如此盛行，有一件事就显得很有意思了：有一家著名的零售商决定打破这个定价方式。2011年，曾在苹果电脑（Apple）担任资深副总裁的罗恩·约翰逊（Ron Johnson）加入杰西潘尼（JCPenny），出任CEO。不久之后，他在各家连锁分店内推行了一个“天天低价”的定价政策。这个定价行动的核心就是把价签上的数字改成整数，而不是消费者更熟悉的0.99结尾。例如，原本标价为18.99美元或19.99美元一条的牛仔短裤，现在的售价是19美元或20美元。背后的理由很简单：整数式的价格更清楚明白，而且传达出简单和坦诚的信息。虽然对分币的流通有点儿影响，但杰西潘尼在定价策略上的这个小改变肯定是常识的胜利。而且更加重要的是，杰西潘尼认为，这也是消费者的胜利呀，他们肯定愿意用钱包投票的。

消费者的确用钱包投了票。次年，杰西潘尼的销售额几乎下滑了30%。

由于当时的美国经济依然处于恢复的早期，说得好听点儿，也得用“脆弱”二字形容，要说杰西潘尼把定价取整的策略是销售下滑的唯一原因，那就有点儿太荒谬了。导致销售额猛跌的，很可能是诸多因素的综合作用。但有力的证据表明，杰西潘尼的“天天低价”策略没帮上忙。这个策略显然也没能帮上约翰逊先生，因为没过多久他这个CEO就被炒了。

乍一看，把消费者的注意力从一个精确的价格尾数（例如0.99美元）转移到整数（例如1.00美元），这对购买决定的影响大概只有一丁点儿。毕竟差异只有区区一美分而已。虽然老话说“积少成多”，但如今一美分也实在太不起眼了，消费者压根儿就不会在意吧[1]。

按这种逻辑，杰西潘尼的定价新政应该不会造成多大影响。但是，正如我们在这本书里不断证明的那样，小小的改变的确会造成巨大影响——即便是价签上的区区一美分。

可是，为什么会这样？

一个原因是，0.99的价格尾数意味着“合算”。夏洛特·加斯顿–布雷顿（Charlotte Gaston-Breton）和洛拉·杜凯（Lola Duque）认为，这一点对年纪较轻的消费者，或是在购买决定比较容易做的情况下（比如买便宜东西的时候）格外适用。另外一些研究发现，以0.99结尾的价格会产生“降档效应”。也就是说，一件标价19.99美元的商品会被归到“不到20块”的那一档去，但是，如果定价多加了一分钱的话，它就会被人归到“20块及以上”的那一档去，形成微妙却很重要的对比。

除了会影响商品的价格档次之外，一分钱的价格之差还意味着另一个重要问题：价格的头一个数字不一样了。在前面的例子中，19.99美元的东西不但会被归到“不到20块钱”的那一类去，价格的头一位数字，也就是最左边的那个数字也从2变成了1。原来，这个“左位数效应”之所以重要，主要是因为人们一般都会最先注意到它。

研究人员肯尼思·曼宁（Kenneth Manning）和戴维·斯普罗特

1 在绝大多数货币中，一分钱基本上都是最小的单位了。因此，另一句老话“捡起一分钱，好运一整天”不禁让人怀疑，要是看见街上有一分钱，究竟值不值得花那个工夫把它捡起来呢。原来，经济学家已经研究过这个问题了，答案很明确：不值得。此外，也没有证据表明发现一分钱会给人带来好运，不过，鉴于这事不容易用实验证明，您就自己做决定吧，别理科学家们怎么说。

（David Sprott）提出了强有力的证据，他们证明，如果把尾数做一个小小的改变，让它影响到价格的左位数，就能对人们的购买决定造成极大影响。在曼宁和斯普罗特的研究中，受试者需要从摆在眼前的两支钢笔里选一支买下。A笔的价格稍低，B笔由于多了几个功能，所以价格稍高。受试者需要对两支笔做出评估，然后做出购买决定。研究人员一共安排了四组不同的价格：

	A笔	B笔
第一组	\$2.00	\$2.99
第二组	\$2.00	\$3.00
第三组	\$1.99	\$2.99
第四组	\$1.99	\$3.00

虽然前三组的价格差异都非常小（第一组和第二组的B笔价格差异其实只有1美分），但对购买选择的影响却非常大。在第一组中，选择A笔的人占56%，但在第二组和第三组中，选择A笔的人分别占到了69%和70%。

为何会有这么大的差异？请注意，第一组中，A笔（\$2.00）和B笔（\$2.99）的价格左位数是一样的。但在第二组和第三组中，左位数不一样了，导致A笔看上去比B笔便宜许多。

现在，咱们来看看第四组。由于一个小小的改变，两支笔的左位数相差了2美元——A笔（\$1.99），B笔（\$3.00）。结果是，在这一组中，A笔最受欢迎，将近82%的受试者选了它。对左位数做一个小小的改动，就能对购买选择造成很大的影响，这个实验就是明证。

我们敢说，罗恩·约翰逊现在肯定很希望在推行“天天低价”的整数价格策略前，他和杰西潘尼团队的其他成员能懂点儿说服科学。这项研究表明，把商品价格调高1美分，比如把8.99美元一双的袜子调到9美元一双，给人的感觉就像是提高了1美元一样。这是因为消费者太关注最左边的数字了。

把范围放得更广泛些，想要影响他人的选择和决定的人可以从这项研究中获得各种启示。最明显的就是，零售业中负责决定价格的人可以从这个知识中获益：价格上一个小小的改动——只不过提高或降低一分钱——就能大幅度地影响消费者对这件东西的售价的印象，进而影响他们的购买决定。例如，售卖价格较低但利润较高的产品（比如自有品牌）的商家，就可以把定价的末尾数字做个小改动，让这个价格的左位数低于其他贵价商品，这样价格在感觉上就会差很多了，从而提升公司的利润。当然，如果情况刚好相反，目标是让人们更多地选择较贵的那一个，那么就把做法反过来。请注意，在那个买笔的实验中，当两支笔的价格左位数一样的时候，更多人选择了较贵的那一支。

只比整数小一丁点儿的数字对其他决策往往也有奇妙的影响力，除了上述方法之外，还有一些没这么明显的运用方法：健身教练如果把跑步机的目标里程定在9.9公里，而不是取整的10公里，前来健身的学员恐怕就会更听话了。医生如果把患者的计步器上的目标改得稍低一点儿，比如9 563步，而不是通常的10 000步，患者可能就更容易坚持下来。在这些情境中，这些目标看上去更容易实现了，所以学员或患者就有更大的动力去做。

最后，对会议的时长和议程做些小小的改动，或许会让人们更愿意来参加。把2小时的研讨会改成1小时55分钟，虽然有点儿投机的味道，但或许前来参加的人就能多几个。

或许你在说服别人参加会议时，就可以用上这个基于说服科学的、虽小却很重要的新方法。但是，在你打算跟苹果、微软（Microsoft）或谷歌（Google）联系，建议他们把电子日历里的默认设置改掉时，别忘了我们已经为“29分钟会议”申请了专利。

CHAPTER

38

顺序改一改，生意滚滚来

20世纪70年代中期，意大利商人、餐馆老板安东尼奥·卡鲁齐奥（Antonio Carluccio）离开意大利北部的家乡，搬到了英国。在英国，他先是做葡萄酒商，随后与特伦斯·康兰（Terence Conran）的著名餐厅集团合作，开办了他的第一家食品店。今天，欧洲和中东地区已经有了70多家卡卢齐奥咖啡店，售卖各种地道的意大利美食，包括意面、沙拉、冰淇淋……还有小型摩托车！

是的，你没看错。在每一份卡卢齐奥的菜单上，显眼的位置上都印着一辆伟士牌（Vespa）小型摩托车，食客是可以点单的——在思考晚餐打算吃什么菜色的时候，也可以想想买一辆什么颜色的小摩托车。

我们不太清楚有多少人会想要在餐馆里买一辆小型摩托车。我们也不确定卡卢齐奥的咖啡馆里究竟卖出了多少辆小伟士。但是，身为说服科学家，我们十分确定的是，菜单上一个定价昂贵的物品（一辆伟士牌摩托车的售价大约是3 500美元）会让跟在后头的菜价显得便宜许多。卡卢齐奥或许没在咖啡店里卖掉几辆小摩托车，但把它放到菜单上的这么一个小小举动，可能帮他卖掉了不少高档的帕尼尼三明治。简单地说，把摩托车印到菜单上，会让他的三明治显得价廉物美。

人们的决定不是在真空环境中做的。换言之，我们的决定总是会受到情境的影响——无论是我们正在考虑的替代选择，还是做决策时的环境，或者只不过是我们在做决定之前的念头。因此，选项出现的顺序真的很重要。心理学中有一个基本概念，叫作“知觉对比”（perceptual contrast）现象。意思是，不必改变物品本身，只需改变人在看到这个物品之前的体验，就能改变此人对这件东西的印象。如果酒单以15美元一瓶的餐厅特选酒开头，那么酒单中部35美元一瓶的红酒就显得挺贵的。可是，如果把酒单做一个小小的改动，把一支更贵的红酒，比如说是60美元一瓶吧，列在头一个，那么同是这瓶35美元的酒，价格看起来就合理得多。酒一点儿也没有变，改变的只是它们在酒单上的顺序。

因此，当你做提案的时候，有一个人人都能做到的小改变可以帮你提高成功概率：仔细想想，你的目标受众在做决定时，会拿这份提案与谁做比较。

有趣的是，即便与之做比较的是一个肯定会遭到拒绝的提议，这个方法照样管用。例如，一位管理咨询顾问正在给客户做方案。他想到了好几个备选方案，经过一番筛选，他挑中了一个最好的，其他几个成本过高或太花时间的方案都被扔进了垃圾桶。此时，他们会集中全部精力去准备这个最理想的方案。但是，基于我们对说服过程的了解，尤其是“知觉对比”的现象，这样做是错的。

相反，这位顾问应当把打算扔掉的那几个方案先提出来，说简短点儿就行。这个小改变会产生很大的收效，因为那个最佳方案现在处于很理想的位置了。比如，先说一个可能会让客户觉得成本太高，或是太花时间的方案，等到你介绍这个最佳方案时，想要的效果就出来了——对比之下，这份方案会显得恰到好处，不多不少刚刚好。

但是，如果你的提案或建议属于多合一的“套餐”性质呢？比如说，一家影院推出了99美元看15场电影的套票，一名律师的收费标准是10小时共收2 500美元，一家网上音乐商店的打包价是29.99美元可下载70首歌。这两个数字的出现顺序会不会影响用户的购买决定？换句话说，以网上音乐商店为例，是应该说70首歌收29.99美元呢，还是说29.99美元可以下70首歌？哪种说法更能让消费者心动？

为了找出这个问题的答案，研究人员拉吉许·巴格奇（Rajesh Bagchi）与德里克·戴维斯（Derick Davis）进行了一系列实验。在一项研究中，受试者需要评估一家点播电视台的服务方案。一组受试者看到的方案是价格在前，产品数量在后，比如300美元可看600小时的节目。另一组看到的方案是产品数量在前，价格在后，即600小时的节目收费300美元。另外几组看到的数字与这两组不同，但价格其实是一样的，比如60小时的节目收费30美元、285.90美元可看580小时的节目以及580小时的节目收费285.90美元。

分析结果显示，当方案中的数字很容易计算的时候（比如头两组看到的那种），价格和产品数量孰先孰后的差别不大。但是，当数字不容易算的时候，情况就变了，人们更喜欢产品数量在前，价格在后的顺序。如果产品数量较大，就更是如此。例如，人们更喜欢“580

小时的节目收费285.90美元”，而不是“285.90美元可看580小时”——虽然这两种表述的意思一模一样。

为什么？看起来，当选项变得越来越复杂的时候，我们的注意力就会集中在最先出现的信息上，无论它是产品数量、价格、时间长短，还是其他任何一种衡量单位。在这个例子中，人们的反应之所以更加积极，是因为收益在前，成本在后。选择越是难以算清，这种效应就越明显，最终导致人们对完全相同的单价产生了截然不同的印象和偏好。

对每一位身在商界的人来说，这都是一个实用的经验。比如，你正在为某个客户做提案，在一段时间内提供一组咨询服务。你的提案颇为复杂：提供服务的人数众多，各类服务的收费标准不一样，时间期限不同，地点也不同。在这种情况下，上述研究（以及其他类似研究）建议你做一个微小却重要的调整，先说你的服务项目，然后再说价格。

可是，如果你的提案比较容易计算，或是提供的服务项目数量较少，这该怎么办？虽然研究显示，在这些情况下，顺序效应可能没那么明显，但先说服务项目依然是很必要的。考虑到它对后续影响的强有力帮助，换个做法——先说服务再说报价——的成本是很小的。

即便你销售的不是产品或服务，而是你自己，顺序效应也适用。例如，研究建议，写简历的时候不要先强调你有多少年的工作经验，然后再说你在那段时间里取得的成绩，更好的方法是把顺序反过来：先把你取得的成绩全部列出来，然后再说工作年数（例如：我在那个岗位上完成了23个重大项目，工作时间2.5年）。同样的，应届毕业生如果想让未来的雇主更加关注自己的学业成绩，那么求职信的写法应该是“我在校期间修完了37门课，学习时间3.5年”，而不是反过来说。我们没有说，单凭这个小小的调整，你就能当上“首席XX官”，但是，鉴于这个方法毫无成本，所以这又是一个“四两拨千斤”的好办法，它会帮你在拥挤的市场中脱颖而出。

CHAPTER

39

如何事半功倍

无论你想提高生活中的说服力，还是工作中的影响力，这本书都是适用的。它的目的就是，凭借科学的证据，让你看到，把平素使用的方法做一个小小的调整，就能大幅度地提高你的说服力和影响力。

例如，假设你管理着一家小公司，你发觉市场上的竞争对手越来越多，大家都在竞相吸引客户的注意力。在这么一个高度竞争的环境下，比对手多做一点儿，让客户从你这儿获得更多好处，显然是个合理的做法。多加一点儿激励手段，或是给产品添加一个功能，应该算是“四两拨千斤”的好办法，它会帮你赢得客户，而不是输掉竞争。

但是，有没有这种情况：你提供了更多的信息，增加了激励手段或附加功能，可这些手段不但没有增强你的说服力，反而削弱了它？

或者换句话说，有没有**过犹不及**的时候？

行为科学家金伯莉·韦弗（Kimberlee Weaver）、斯蒂芬·加西亚（Stephen Garcia）和诺伯特·施瓦茨

（Norbert Schwarz）认为，人们之所以愿意相信增添额外功能和信息能够增强他们的说服力，是因为增加的项目能产生“附加效应”。然而，这些科学家也认为，对收到提案的一方来说，这些额外的东西并不具备吸引力——因为在他们看来，这些东西带来的并不是“附加效应”，而是“拉平效应”。就像往开水里加温水反而会降低水温一样，有时候，向一个已经很有说服力的提案中添加额外的好处，非但不会帮你敲定订单，反而还会降低这份提案的整体吸引力。

为了验证这个观点，研究者设计了一系列实验。一项实验中，受试者要么充当卖家，要么充当买家。卖家拿到了两个MP3播放器的销售方案。第一个方案是，一个iPod touch加一个可选外壳。第二个方案跟第一个一样，但是多了一份免费下载音乐的优惠。卖家需要做个选择：他们认为哪个方案更有价值？换句话说，他们想向现在客户推销哪一个方案。买家的任务是，假设他们要为朋友买个MP3当礼物，面对这两个iPod购买方案，他们愿意各付多少钱。

绝大多数（92%）卖家选择了包含免费下载优惠的那一个。但有趣的是，买家组愿意为这个方案付的钱反而比没有优惠的那个方案少。这个结果违背了人们的直觉：在许多买家眼中，为了提高产品价值而附赠免费下载的举动，反而降低了产品的价值。

在另一项实验中，受试者在一家著名的旅游网站上选择下榻的酒店。他们需要回答的是，如果住在某家五星级酒店的话，他们每人平均愿意花多少钱。当这些消费者得知，这家酒店附近还设有一个三星级的餐厅时，他们愿意付的钱数下降了大约15%。有趣的是，另一组扮演酒店管理者的受试者中，几乎四分之三的人都错误地认为，把这家餐厅的消息加到广告上去，顾客会愿意多花钱，但事实上刚好相反[1]。

经过一系列实验，研究者发现了一致的模式。卖家深信，花更多的钱，往已经很有说服力的产品中添加更多的功能，提案就会变得更有说服力。可实际上，每一次增加功能都降低了总体的价值感，导致客户只愿意付更少的钱。

看到这里，有些读者可能会想，对于像iPod和酒店房间这样的产品和服务，这个道理蛮适合的，可它能延伸到其他类型的影响力问题中去吗？例如，如果你面临的问题是推销一个想法，而不是实体产品呢？

研究者认为，这个道理依然适用。

假设你在当地的市政府里工作，职责是减少街道上乱丢垃圾的现象。你提出了两个惩罚提案。你觉得你更推荐下面哪一个？

提案一：向乱丢垃圾的人处以750美元的罚款；

提案二：向乱丢垃圾的人处以750美元的罚款，外加两小时的社区服务。

研究者拿着这个问题，去问了许多政府工作人员的意见，他们发现，86%的人都推荐提案二，而另外一组受访者却认为750美元的罚款外加两小时的社区服务反而比单纯的750美元罚款更轻！在这个例子中，向一个已经没什么吸引力的后果中再添加一个负面的因素，反而让它变得稍稍吸引人了一点儿。

---

1 虽然研究者没有做出明确测试，但是，如果这家餐馆达到五星级的话，消费者可能会愿意多付钱，因为平均水准保持不变。

那么，为什么卖家和买家的看法会有差异？

韦弗和她的同事们总结道，在构思一个有说服力的提案时，卖家倾向于把提案中的元素作为独立因素看待，因此，他们考虑的是这些元素的累加效应。而买家在评估提案的时候，更容易从整体上看待它，关注的是总体价值。

那么，我们是要建议你，在做提案的时候千万不要提供额外的信息或产品功能吗？当然不是。

我们的建议是，对这两种方法各取所长。不必投入额外的资源去为每一位顾客都增加一点儿不起眼的附加价值，而是做个小小的改变：用同样多的资源为少数特选客户增加一些更诱人的价值。这样做有两个好处。

第一，你不必把资源浪费在增加没有吸引力的额外优惠上，这就好比往热水里加温水一样，只会降低整体的温度。第二，通过为最重视的客户提供量身订做的、诱人的额外优惠，你触发了互惠原理。

CHAPTER 40

化整为零

假设你正要出差。在飞机上你有几个小时的时间可以看书，所以你到附近的书店里去逛一逛，看看有什么有趣的好书。正当你在商业畅销书的架子前浏览的时候，你发现了一本看起来很有意思的书，说的是“50多种提升影响力的方法，让你成为更高效的沟通者”。你这趟出差的目的就是去见一位新客户，你知道这里面需要不少的说服工作，所以你觉得这50多种说服策略应该会很有帮助，你打算买一本。

在收银台前，你发现这本书的价签没有了，而且店主说书店里的电脑也坏掉了，你觉得这本书值多少钱，就给多少钱吧。如果你先想的是“我愿意为1个说服策略付多少钱”，那么，你会为这本包含了52个说服策略的书付更多的钱吗？

行为科学家们认为，这个问题的答案是肯定的。有趣的是，当你想说服对方答应一个较大的请求时，让他们先想想这个请求中单个的、较小的个体，这个看似微不足道的举动会对结果产生巨大的影响。这个

“四两拨千斤”的策略叫作“化整为零法”，除了用来确定你愿意花多少钱买一本书（且不论这本书有多么伟大）之外，它还有着广泛的用途。

咱们来看一个慈善募捐的例子，看他们是如何运用这个“四两拨千斤”的策略来筹集到更多善款的。筹款人面临的一个普遍问题就是，捐助者们往往意识不到需要帮助的人有多少。因此，无论需要帮助的人是一个人，一百人，甚至是成千上万人，他们捐出的钱数都差不多。研究者奚恺元（Christopher Hsee）、张郊（Jiao Zhang）、佐伊·卢（Zoe Lu）和徐飞（Fei Xu）认为，在募集善款的时候，如果先请捐助人想一想，要是救助一个人他们愿意捐多少钱，那大家最后捐出的钱数应该会更多。

奚恺元和同事们在一家有800名员工的中国中型企业里做了一个实验。员工们收到了老板发来的倡议信，号召大家参与一个募捐活动，帮助40名来自低收入家庭的学生。愿意参加的员工需要在收到信的一周之内登录一个专门为筹款而设计的网站，把钱汇出去。有320名员工响应了倡议并登录了网站。然而，他们不知道的是，一半人登录到了标准版的页面上，另一半人则被引导到了一个“化整为零”版的网页上。

进入标准版网页的员工看到的是：“请想一想这40名学生。为了帮助这40名学生，你愿意捐多少钱？请把你的捐款数额填写在这里：________元。”

输入捐款金额后，员工们有一个选择：修改捐款金额，或是提交。

除了一个重要差异之外，“化整为零版”网页跟标准版的模样完全相同。员工们被问到愿意为40名学生捐多少钱之前，需要先假设一下，如果只帮助一个学生，他们愿意捐多少。

“化整为零版”网页的具体措辞是这样的：“在决定‘要帮助40名学生该捐多少’之前，请先假设一下，假如你只帮助一个学生，你会捐多少？请把你的捐款数额填写在这里：________元。”

捐款人填写了金额之后，网站会问，如果要帮助全部40名学生，他们会捐多少。

这个“化整为零”的简单方法显著提升了捐款金额。进入标准版网页的捐助者平均捐出了315元人民币（折合50美元），而进入化整为零版网页的捐助者平均捐出了600元（折合95美元还多）。此处把捐款数额提高了90%的“四两拨千斤”的做法，就是先提出一个“化整为零”式的问题。

到目前为止，一切都很合理。可是，这个方法会不会有缺点？比如说，提出化整为零式的问题之后，由于一些人不愿意回答这种奇怪的问题，所以中途离开了网站。捐款人数会不会因此降低？研究者们考虑到了这个可能性，观察结果是，多出来的这个问题对登录网站捐款的人数没有显著影响。

对于筹款人来说，这里面的启示相当清楚。发起倡议活动时，人们很容易强调需要救助的人群有多么庞大，借此让捐助者明白问题的严重性。其实，这么做反而会降低大家的平均捐款数额，而不是提升它。你应该先把捐款人的注意力引导到“如果救助一个人，你愿意捐多少”的问题上，然后再吁请大家帮助更大的群体。

除了筹款和慈善活动之外，“化整为零”这个“四两拨千斤”的方法也可以运用在其他领域，帮你取得想要的结果。比如某个经理想给团队争取更多的年度出差预算，那么他可以先请部门领导想一想，公司愿意为单次的出差资助多少钱。同样，老师想要说服家长和赞助方为学校提供急需的课本，那么，在呼吁大家为全班解决课本问题之前，应该先请这些赞助人想一想，如果是资助一个孩子的阅读费用，他们愿意出多少。卖套装商品（比如玻璃器皿、套装DVD影碟、行李箱等）的eBay卖家可以在产品说明旁边写上 “如果只买一个，你愿意花多少钱？”，总的成交价可能就会提高了。

然而，有一个重要问题需要注意：虽然化整为零的方法适用于许多场合，但有一个特殊的情况不行：当群体数量特别大的时候。例如，奚恺元和同事们建议，如果某个慈善活动想要帮助成千上万的人，化整为零的方法多半就没什么用场了，因为人们倾向于把成千上万这样的大数目简单地等同于“很多”。

这是不是意味着，如果需要帮助的对象有成千上万人，筹款人就无计可施了呢？当然不是。在这种情况下，筹款人需要采取另一个策略。和这本书中讲到的所有方法一样，这个策略只需对平常的做法做一个小小的调整。我们在下一章中就会仔细讲到它。

CHAPTER

41

鲜明生动的细节

2002年3月13日，一艘印度尼西亚油轮在距火奴鲁鲁（Honolulu）约600英里（约965公里）外的洋面上起火，一名船员丧生，船上的所有电力和通讯都中断了。三个星期后，一艘路过的游轮发现了灾难讯号，于是停在一旁，把船长和10名幸存的船员救了上来。

在营救行动中，船长的小狗，一只名叫“福格”的两岁混血梗犬不知为何被落下了。一名游轮乘客在接受新闻频道采访时说，她好像看到有一只狗还留在船上，这句话引发了一场救援行动。这次行动由美国海军陆战队（American Marine Corps）组织协调，用时16天，耗费了4.8万美元，所用的资金主要是由当地一家名叫夏威夷人道主义协会（Hawaiian Humane Society）筹措的。鉴于每名船员的平均营救成本还不到救狗的一半儿，有一个问题就值得问了：筹款人用了什么方法，说服了夏威夷居民捐出这么一大笔钱来营救一只动物？还有一个更宽泛的问题：除了适用于筹款和慈善活动之外，这个经验是不是也能用在其他的影响和说服行为上？

先前的研究表明，筹款组织可以运用的一个既能打动更多人捐款，也能让捐助者更加慷慨的方法，就是引导大家去关注能反映某一位救助对象个性的具体特征，比如此人的年龄、性别，甚至是头发的颜色。在沟通的早期，就要让大家了解到这个虽小却十分重要的细节，这会引起大家的重视——一条活生生的性命危在旦夕，人们对这条生命的价值也因此看得更重了。如果这个救助对象给人的印象是抽象的、匿名的，只不过是大群体中的一分子，人们对生命价值的体认就没有这么真切。例如，一项针对医生诊疗决策的研究发现，如果做CT扫描时附上患者的照片，医生在诊治时就会更加用心，更加关心病人，因为照片让医生们感觉到，自己面对的是一个活生生的人，而不是一群患者中面目模糊的一分子。

需要救助的对象不仅是一个活生生的生命，还有了鲜明的形象——当人们把注意力放到这上面的时候，他们就更愿意慷慨解囊。这个观点或许有助于解释那笔拯救了小狗福格的巨额善款。作为一艘载满船员的船上唯一的小狗，它的形象显然是鲜明的。报道说，它是一只白色的混血梗犬，爱吃比萨，大约有40磅（约36斤）重。这些描写也把它说得像个人似的——虽然是个胖乎乎的家伙。

因此，在寻求他人帮助的时候，任何人都可以做的一个简单改变就是，在沟通的早期就强调一些关于受助者的、小而具体的重要特征，塑造出一个活生生的鲜明形象。慈善机构可以从中得到清晰的启示。同样，管理者在申请预算的时候，不要只会指着表格上那些干巴巴的数字，而是应该摆出团队成员的照片，让这些人的形象变得鲜活生动起来。“这是玛丽，我们的首席分析师；这是吉姆和林西，他们的团队需要在今年升级系统。在我刚呈交的预算报告中，这笔费用占了预算增长的百分之X。”

若是辅以另一个基于说服科学的方法，这样的申请还会变得更有说服力。社会科学家辛西娅·克赖德（Cynthia Cryder）、乔治·洛温斯坦（George Loewenstein）和理查德·沙因斯（Richard Scheines）猜想，除了凸显一个“鲜明又具体的个人形象”以外，如果想进一步提升呼吁活动的成效，还可以着重强调一个“清晰又具体的干预手段”。

在他们主持的一项实验中，受试者被随机分成三组，访问一个为乐施会（Oxfam）捐款的网站。登录到“普通版”网站的那组受试者读到的是：

“国际乐施会是世界上最高效的援助组织之一。它向全球人民提供种类众多的人道主义援助。如果你向乐施会捐款，你会捐多少？”

登录到第二种网站（我们称之为“高价值—细节版”）的受试者读到的内容跟上面一样，只不过多了这样一句话：

“乐施会运用资金的一个例子是，它为人们送去清洁的水。”

最后，登录到“低价值—细节版”网站的受试者读到的话与第二个版本的一模一样，只是“清洁的水”换成了“瓶装水”。这两个版本之所以这样命名，是因为实验之前所做的测试表明，人们认为，比起“瓶装水”，“清洁的水”对援助对象的帮助力度更大，更有价值。

这些措辞方面的改动可谓是非常不起眼，但它对结果的影响绝不能用不起眼来形容。看到“普通版”网站的那组受试者平均捐出了7.5美元，而看到“高价值—细节版”的那组受试者（他们看到了细节信息，知道了善款的用途）的平均捐款额增加了37%。小小一个改动就能产生这样的成效，可谓是令人印象深刻。因此，如果你想申请额外的资源，不管你想要的是信息，还是时间、金钱，甚至是人手，你都应该在提案中添加一点儿细节，描述一个清晰又具体的干预手段。

同样，那位经理在申请系统升级经费的时候，应当向负责审批预算的人指明，这项额外的资源能给玛丽和她的团队带来具体的价值。可是，应该强调哪一种具体价值呢？

为了寻找答案，咱们来仔细看看克赖德、洛温斯坦和沙因斯的研究，特别是“低价值—细节版”那组受试者的表现——他们被告知，他们捐出的钱会用于提供瓶装水，而不是清洁的水。实验结果是，这一组人的捐款金额低于“清洁的水”那一组。知道这个结果后，你大概不会惊讶。但是，看到下面这个结果，你一定会非常惊讶：这组人的捐款数额也低于“普通版”那一组，也就是那些压根儿没看到任何额外信息的受试者。

造成这个现象的原因是，当你为获得更多资源而进行呼吁时，从那个清晰又具体的干预手段中体现出来的价值，必须要符合人们的预期，否则还不如不说。对于乐施会的例子，我们很容易就能想明白：在捐赠者看来，比起清洁的水，瓶装水对受助对象的帮助力度是远远低于预期的，以至于他们的捐款意愿比不了解具体信息的那一组还低。

这个观点也启发我们去关注一个沟通者经常遇到的陷阱。申请资源的人在强调这个资源的价值时，往往会犯一个错误：着重强调这个资源会对他们自己带来什么好处，而不是对提供资源的人带来什么好处。例如，那个向公司申请系统升级费用的经理很容易去强调系统升级能够让她的团队提供更高质量的服务，而不是更高质量的服务将会为全公司带来什么好处。

总之，当你需要说服别人为你提供资源，来帮助你达成某个目标的时候，这些“四两拨千斤”的方法表明，你应该引导对方去关注这两个方面：形象鲜明的受益对象以及清晰具体的干预手段。

CHAPTER

42

指出机会成本

无论你是想说服顾客购买你的产品，让客户接受你的咨询服务，还是请同事们支持你的新项目，如果你跟大多数人想的一样，那么你也会认为，当你手握强有力的支持证据，而且拥有确凿无疑的价格优势时，任务就会变得容易得多。

可有些时候，就算手里的产品最棒，价格也最合算，可我们还是没能说服对方。导致失败的原因有很多，但最重要的一个就是，处于优势地位的人往往会犯一个常见的错误。幸运的是，意识到这个错误的沟通者不但能有效地避免它，而且还能大幅度地提升自己的竞争优势，胜过对手。只需把要传达的信息做一个小小的调整就可以了。

上面所说的这个常见错误就是，人们往往意识不到一个决策背后隐含着经济学家们所谓的“机会成本”。决策的机会成本指的是，当人们选择了另一个方案时，可以获得的直接收益。例如，假设你决定在明天上班的时候顺道去趟健身房。这个决策的机会成本就是你要放弃的东西，在这个例子中，就是多睡一小时。在说服他人的时候，沟通者常犯的一个错误就是，他们会假定受众（也就是他们想要说服的人）会自动自发地考虑到决策的机会成本。例如，假如说你是个销售员，你的产品不但质量好，价格也比竞争对手的同类产品低。身为销售人员，你很容易以为目标客户会立即意识到买你的东西能省钱，而且，衡量过价格差距之后，他们就会做出决定，选你的产品。

可是，专门研究消费者行为的沙恩·弗雷德里克（Shane Frederick）和同事们所做的研究发现，大众并不像你期望的那样，常常做出这样的比较和衡量。如果你没有主动采取一些简单的行动，引导他们这样想的话，你自以为最有竞争优势的东西没准根本就无足轻重。

从表面上看，这似乎是明摆着的：面对较贵的物品A和较便宜的物品B，做决策的人肯定会认真考虑买A的机会成本。在A上多花500美元，就等于这500美元不能用来买别的了，这似乎想都不用想。可是，弗雷德里克和同事们认为，人们是不会想这么多的，特别是在背负了太多选择、有太多决策要做的时候。面对这种问题，他们提出了一个十分简单却常常被人忽略的解决方案：给决策者一点儿小小的帮助——温和地提醒他们，把机会成本的问题说得再清楚一点儿。

他们所做的一项实验中，受试者被随机分成两组，大家可以用14.99美元的价格购买DVD。第一组面临的选择是，要么“买这张DVD”，要么“不买”。而第二组面临的选择是，“买这张DVD”或是“把14.99美元省下来买别的”。虽然两组选择的意思一模一样——毕竟，“不买”就等于把钱省下买别的，可这个小小的改变让结果大为不同：第二组的购买率从75%掉到了55%。

这些研究人员发现，家具制造商兼零售商宜家（IKEA）在新加坡投放的一则广告出色地运用了这个策略。广告画面的左半边，一个闷闷不乐的女郎站在一个时髦的鞋柜边，柜子里却只摆着一双鞋。画面底下写着“量身定制的鞋柜1 670美元+1双鞋=1 700美元”。对比之下，在广告画面的右半边，女郎站在一个没那么花哨的宜家鞋柜前，柜子里的鞋多得都快满出来了。底下的广告词写的是，一个鞋柜（245美元）加上48双鞋子（1 440美元），还比左边的1 700美元便宜呢。

有趣的一点是，宜家的广告中，省下来的钱被用来购买和目标商品相关的东西（鞋子和鞋柜）。然而，弗雷德里克和同事们发现，不一定非这样不可。

在另一个实验中，工作人员要求受试者在两部手机中选一个，品质较高的那一个要贵20美元。然而，在此之前，工作人员请一半受试者想一想，20美元能买什么——什么东西都行。另一半人则没有接到这个指示。结果是，前一组人中，愿意选便宜手机的人数比后一组多出50%。

因此，每一个沟通者都能使用的、提升沟通效果的“四两拨千斤”的策略就是，清楚地告诉目标受众，选择这样东西的附加好处是什么。如果一名政客告诉大家，她推行的新政策能帮每个家庭每年节省250美元，那她可以继续描述一个家庭能用这多出来的250美元做些什么，比如全家人来一趟休闲之旅，往孩子的大学教育经费里多存一笔，或者多积攒点儿储蓄，以备不时之需。同样，一个IT咨询顾问想说服客户购买那套已经打了折的软件系统，那他可以给客户举几个例子，说明这笔省下来的钱和时间可以用来做什么，这样一来，本来已经挺有说服力的销售就变得更加吸引人了。

销售经理可以请团队成员们想一想，下一季度的销售奖金准备怎么花。这就是一个提升销售绩效的、“四两拨千斤”的策略——要是把大家的花钱计划写在团队的白板上，公之于众，效果还会更好。

这个凸显机会成本的“四两拨千斤”策略对你的退休计划也有益处。我们有个朋友，和许多有孩子的家庭一样，他们家也面临着没完没了的纠结选择：是今天把钱花掉呢，还是存起来，好舒舒服服地及早退休。他们的“四两拨千斤”的策略是核算出“提早一周退休”的成本是多少。夫妻二人面临昂贵开销的抉择时，就会把这项开销的成本与跟提早一周退休的成本做一番比较。不久之前，他们告诉我们，说他们的朋友最近都搬进了更贵的房子，而且还怂恿他们也这么干。可计算一下就很清楚了：如果他们搬进更好的房子，就意味着退休时间要比目标晚了四年。他们马上就明白过来：他们不想这么干。

当然，需要切记的是，省下来的钱可以做的必须是好事。上述研究人员指出，一个反战网站这样描述伊拉克战争的成本（当时，美国投入的成本大约是3 000亿美元）：相当于在一整年的时间里，每个美国人每天少吃9个奶油夹馅小面包。看起来，不管这句话的意图是多么美好，这一则反战宣言也是搬起石头砸自己的脚了。

虽然上面这个例子有些欠妥，但这里头隐含着一个重要的方法，如果你的产品、提议或政策价值不菲，你就可以借鉴它：不要把机会成本描绘得诱人又重要，相反，要把它说的一点儿也不吸引人，或是微不足道。对此，钻石开采和销售公司迪比尔斯（De Beers）在最近的一则广告中做出了精彩的示范：图片上印着一对硕大的钻石耳环。广告词怎么写的？

“**明年**再翻修厨房吧。”

CHAPTER

43

如何激励他人（还有你自己）完成任务

假设有一天，你约了朋友喝咖啡。点单付账之后，咖啡师递给你一张积点卡，说每买一杯咖啡就能集一枚印章。攒齐十枚印章之后，就可以免费换一杯。你接过卡片，发现她已经在上面给你盖了两个章——你已经朝着那杯免费咖啡进发了。

你取得的进展可以用两种方式描述：你已经走完了20%的路，或者你还有80%的路要走。哪个说法更能激励你完成任务？

原来，这个问题的答案不仅对想赢得忠诚客户的咖啡店老板有用，对任何一个想要说服他人（甚至包括他们自己）完成任务的人，这个答案都是有意义的。（顺便说一句，在你接着读下去之前，你应该知道，你已经读完本章的10%了。）

说服科学专家古敏中（Minjung Koo）和艾莱特·菲什巴克（Ayelet Fishback）认为，要是把注意力的重点变一变，人们完成任务的干劲儿就会变得更强。他们假设，在任务刚开始的时候，与其把关注重点放在尚未完成的、比例较大的部分，不如把重点放在已经完成的、比例较小的部分，因为这样做会让人劲头儿更足。

为了测试这个猜想，古敏中和菲什巴克设计了一系列精彩的实验，其中一个选在了一家人气很旺的寿司店。在4个月的时间里，900名该店的常客参与了一个忠诚客户奖励计划：午餐期间来店消费十次，就可获赠一次免费午餐。一半顾客拿到的是空白卡片，他们获知，每吃一次午饭，就可以加盖一枚寿司形状的印花。由于每次消费盖一个章，顾客的注意力就被引导到了累积的进展上。咱们把这组顾客称为“进度累积组”。

另一半顾客拿到的卡片上，10个寿司形状的印花已经盖好了。每来店吃一次午餐，店员就用打孔机打掉一个印章。因此，这批顾客关注的是距离那顿免费午餐还剩余多少没完成。咱们把这一组叫作“剩余任务组”。

说到此时，我们需要强调一个事实：由于这项研究是发生在一家正常营业的餐馆，因此顾客的消费情况十分多样。例如，独自来吃午饭的顾客会得到一枚印花，或是在卡上打一个孔，这意味着每次只朝目标前进了一点点。但请一群朋友或同事们来吃饭的顾客可以得到多枚印花（或是在卡上多打几个孔），这意味着他们取得了显著的进展。

分析结果之后，研究人员发现，如果顾客最初取得的进展较小，即独自吃饭或请客人数很少，那么“进度累积组”的人更有可能再次回到餐馆消费。如果顾客最初取得的进展很大，那么情况就反过来了，“剩余任务组”的顾客更愿意回来。

为何会出现这种现象？这是因为，在这两种情况下，当顾客的注意力焦点被引导到较小的数字上时，完成目标的积极性更高——无论这个较小的数字指的是已经取得的进展（通往免费午餐的路，你已经走完了30%），还是剩下的任务（你还有30%的路要走）。

古敏中和菲什巴克把这个理论称作“小数字假说”。

这里面的含义很清楚：无论你的目标是提高客户忠诚度，还是只不过想激励他人（你自己也算）更积极地完成任务，这项研究的建议是，你应该在早期的时候，把目标对象（或你自己）的注意力引导到已经取得的少量进展上，而不是盯着尚未完成的较大数字。

其中一个原因是，在执行任务的早期，盯着小数字能够唤起人们尽可能高效做事的欲望。从完成了20%进步到40%，这相当于进展翻了倍，行动看起来非常高效。相比之下，如果进度从60%增加到80%，同样都是20%的增量，但感觉上不过是已完成任务的四分之一。

因此，当管理者想要激励员工积极实现销售或绩效目标的时候，应该针对大家已经取得的成绩给出反馈，借此来保持最初的冲劲儿，比如，“新季度刚开始一周，大家就已经完成了季度目标的15%”，而不是“咱们头一个星期干得不错，现在还有85%的任务有待完成。”

同样，如果某人想督促自己定期存钱，好买一部新的高清电视，或是夫妻俩想要还掉信用卡或个人贷款，就应该把注意力放在虽小却很重要的、已经取得的进展上，激励自己坚持下去。银行和金融机构甚至可以用这种方法来协助顾客：把顾客已经取得的存款（还贷）进展放到报表和网银页面上去，就像领英（LinkedIn）做的那样——把会员的线上简历完成进度标出来。

但是，还记得在寿司餐馆一上来就消费了很多的顾客吗？这意味着他们很快就累积了许多印花，离目标更近了。在这种情况下，剩下有待完成的任务比已经完成的任务少。也请记得，注意力集中在“剩余的少量任务”的那一组人更容易完成任务。

这意味着，不管目标是什么，当进程过半之后，你需要把激励方法做一个小小的调整。一旦进程过半，当反馈聚焦到剩余的少量任务上时，人们完成任务的积极性就会变得更高。因此，“你离完成目标只有20%了”会比“你已经完成了80%”更能受到鼓舞。

看到这里，这一章你只剩20%就看完了，所以此时大概是举出实际例子的好时机，看看对注意力焦点的小小调整能对你的影响力和说服力产生多大的提升作用！

从航空公司和酒店，到咖啡馆和化妆品零售店，许多商业机构都设有客户奖励计划，反馈机制都已经建立起来了，因此顾客们都知道自己在实现目标（获得升舱服务或免费住宿，在咖啡店的例子中，是赢得下一杯免费的双份巧克力摩卡）的路上已经走了多远。“小数字假说”建议我们，无论顾客处于路程的哪个阶段，反馈的重点应该始终放在较小的数字上——无论这个数字指的是已经取得的进展，还是有待完成的任务。常常坐飞机的旅客收到的通知单上，应当标出顾客已经积攒了多少历程，一旦里程数过半之后，通知单上就应该强调还差多少里程就可以享受升舱服务。咖啡师应当在给顾客盖章时告诉客户，他们已经积攒了几个印花，或是还差几个印花就可以兑换免费饮品了。

同样，从事教练和培训行业的人应当用心地构思给学员的反馈和建议的措辞，强调那些较小的数字，比如学员初步取得的成绩，或是余下的为数不多的任务。想要督促员工提升工作技能的管理者可以把这个方法纳入员工的个人发展计划，做法之一就是把员工实现某个具体目标的进度百分比显示出来，一旦进度过半，就把百分比数字从“已经做到了多少”转换成“还剩下多少”。这个小小的改变能帮助员工把注意力放在较小的数字上，因此显著提升他们的绩效表现。

如果你需要激励自己完成一小时的活力单车课程，或是下周的十公里长跑，那么在任务的早期，你应该关注“我已经完成了多少”，然后再把关注点转换到“我还剩下多少”。这个方法能够帮助你坚持下来。同样，为了鼓励自己完成瘦身计划（或是为期一个月的戒烟行动），刚开始的时候，你应该想的是已经减掉了多少体重（或是有多少天没有抽烟），到了后期，就去想想你还有几斤没有减掉（或是还剩几天就完成了戒烟计划）。

CHAPTER

44

如何提高客户忠诚度

网上葡萄酒商店（yesmywine.com）有个颇为有趣的客户奖励制度。顾客买了某个国家的葡萄酒，就能获得一枚“国家奖章”。一年内集齐12枚不同奖章，就能换得一份很大的优惠。但这里面有个机关，为了拿到这个优惠，顾客必须按照这家网店规定的顺序来收集奖章。比如说，顾客需要在1月份买一瓶法国葡萄酒，2月份买澳大利亚的，3月份买意大利的……这样坚持一整年，而不是按照自己选择的顺序，一年内只要买够12个不同国家的12瓶酒就行了。

鉴于购买量都是一样的（同是12瓶），这个奖励计划看起来过于严格了。人们会认为，与标准的客户忠诚计划相比，有着奇怪限制的计划（比如这一个）应该不太能吸引客户吧。毕竟，在说服他人完成任务的时候，特别是包含若干个步骤和行动的那一种（在客户忠诚计划中，是若干次购买），绝大多数人都喜欢规则更灵活些，没有不必要的壁垒。

所以，为什么一家公司——我们假定它希望吸引到更多客户，并培养出长期的忠诚度——会设计出一个违背大多数人习惯的奖励计划？原来，yesmywine网站发现了一些违反直觉的规律。在追求目标的过程中，尽管人们都说自己更喜欢灵活性，但严格的规定反而能在极大程度上帮你实现目标。

在决定是否要追求一个目标的时候，人们一般会思考两件事情：这件事有多大价值，以及有没有可能做到。例如，一支业务拓展团队想签下一个实力强大、也极有战略意义的新客户，他们不但需要评估这个新客户的价值，还要衡量自己的机会有多大。同样，如果某个人希望学会一门新技能，或是找一份新工作，光是想象人生从此会出现多么巨大的变化是不够的，她也要考虑实现目标所需的步骤和行动。

既然实现目标所需的不仅是认可目标的价值，还得采取切实的行动，那么，有没有这种情况：一个说服我们去追求目标的因素，到最后反而会阻碍我们实现这个目标？例如，在那个网上葡萄酒商店的例子中，比起让顾客按照规定顺序购买葡萄酒，更加灵活的做法是让顾客不按顺序、随心所欲地买酒，这种自由度应该更吸引人，因此更多顾客会被说服，加入这个奖励计划。但是，一旦他们加入之后，这个原本吸引了他们的灵活性，会不会反而削弱了他们完成购买计划、获得优惠奖励的积极性？

行为科学家金立彦（Liyan Jin）、黄素琪（Szu-chi Huang）和张英（Ying Zhang）认为，当某个目标包含若干个行动的时候，如果人们可以自行选择这些行动的顺序，那么，与只能按照规定顺序行事的人相比，前者追求目标的积极性会更大，然而，一旦追求目标的过程开始，有灵活行动权的人完成目标的可能性反而不如没有灵活性的人大。

为了测试这个想法，研究人员在市中心一家生意兴隆的酸奶店里做了实验。800位顾客各自拿到了一张奖励卡，买齐6盒酸奶就可以免费获赠一盒。一半人拿到的卡片上写着，购买顺序不限，买够6种不同口味的酸奶就可以。另一半人拿到的卡片上规定好了6种口味的购买顺序：香蕉、苹果、草莓、橙子、芒果、葡萄。此外，一半人的卡片上要求顾客次日回店激活卡片，而另一半人的卡片已经激活，可以直接使用。后两个条件很重要，因为通过“专门再跑一趟”的要求，研究人员可以量度顾客参加活动的动力有多大。

实验结果与最初的设想一致：比起只能按照规定顺序购买的顾客，可以按自选顺序购买的顾客显然更愿意激活卡片（12% 与 30%）。但有趣的是，若算完成率的话，情况刚好相反。只能按照规定顺序买酸奶的顾客完成任务的概率明显较高。

可是，为什么会这样？

一个可能的原因是，预先规定的顺序能够抹掉（起码也是减少）计划执行过程中不必要的“决策点”。在当今这个信息过载的社会，人们喜欢少做决策，而不是多做。在附加的研究中，金立彦和同事们发现了支持证据：按照规定顺序行事的人一般都感到，在实现目标的过程中限制选择的个数，会让这个目标显得更有可能实现，事情也会显得更容易一点儿。

到目前为止，一切合情合理，但稍等一下。虽然只能按顺序买酸奶的顾客更有可能买够6盒并拿到免费酸奶，但这批人参加活动的概率比较低。所以，如果严格的规矩确实能够提升人们完成任务的可能性，却在一开始的时候就降低了人们参加的概率，那综合效应会怎样？研究者们也考虑到了这个问题。和说服科学中常遇到的一样，答案是“要看情境”。

当选择相对简单，完成任务的动力很足的时候，灵活性比固定顺序更有助于实现目标。但是，如果人们需要做出较为困难的改变，或是动力比较低的时候，严格的顺序和结构就会更有帮助。

对于想设计客户忠诚计划和奖励计划的公司，这个研究有清晰的借鉴意义。但除了这些之外，还有些东西也值得思考。假设一名经理想说服鼓励下属参与一个新项目。在琢磨“是让大家灵活行动还是按规定顺序执行”之前，这位经理需要先问自己一个虽然很小却意义重大的问题：“我面临的主要问题是说服大家认同这项工作呢，还是鼓励他们坚持到底？”如果答案是先得说服大家接受这项工作，那么接下来要做的就很清楚了：必需的行动顺序应当越灵活越好，并且在宣布这项工作时就要强调这份灵活性。

但是，如果问题出在执行阶段，虽然做法完全不同，但照样很清楚：制订一个结构清晰、按部就班的行动计划，并且对大家强调，一旦行动开始，这个项目就会以明确的方式一直往前推进。

结构化的顺序能够帮助人们完成既定目标，这个方法对医药公司也很有用。这类机构面临的挑战是说服人们按照疗程服药。这项研究结果表明，医药公司可以把泡罩包装的药片分成不同的颜色，并做出清晰的标识，告诉患者何时该吃什么药丸，这对患者和专业医护人员都有好处。例如，疗程的头三天，患者需要吃白色药片，接下来的三天吃蓝色药片，最后吃红色的。虽然药物成分没有任何改变，但这个“分步骤服用”的小改变能让患者更容易遵照医嘱吃药。

同理，自行组装式产品（比如家具）的零售商和制造商可以把说明书改一改：把各个组装阶段按照颜色区分开，清楚地指明安装顺序，这样一来，顾客就更容易按步骤来了。这个小小的改变不但能让安装过程变得更容易，没准还能维护小两口的感情关系呢。

说到激励自己学习新技能——尤其是在它很难学，或是生活有很多事让你分心的情况下，虽然这个严格按规矩来的方法在刚开始的时候没那么有趣，但它确实能帮你学会夏威夷四弦吉他，助你加入那个向往已久的民乐乐队。

CHAPTER

45

如何让一加一大于二

任何一个优秀的经济学家都会告诉你，人们会对激励做出反应。但是，行为心理学家也会指出，人对激励的反应不仅与激励本身有关，也会受到相关情境的影响。例如，同是一样东西，人们对失去它的担忧更胜过对得到它的渴望。在得失之间，经济学中一模一样的东西，在心理学中却有了不同的比重。

时机也是个重要的情境。研究已经证实，我们都有“牺牲明天，享受今天”的倾向。面对今天拿到20美元、明天拿到21美元的选择，绝大多数人都愿意今天拿钱。可是，如果把情境换一换，7天之后拿到20美元，8天之后能拿到21美元，更多人就愿意多等一天，多拿钱了。这个现象说明，有时候人类的决策和行为是多么不一致啊。

因此，在运用激励手段来影响他人行为的时候，情境的力量大得惊人。根据一项研究，一个看似很小又不合逻辑的改变，比如把奖励分为不同的类别，就能提高人们获取奖励的积极性——哪怕这个分类毫无意义。

行为科学家斯科特·维尔特慕斯（Scott Wiltermuth）和弗朗西斯卡·吉诺认为，奖品被归到哪个类别，会影响到人们获取它的积极性。在他们的一项研究中，受试者需要完成一个简单的10分钟写作任务，换取一件奖品。奖品都是些不贵的小物件，被混合放置在两个大塑料盒子里，受试者可以从中选一件。但所有的受试者都被告知，如果他们（自愿）选择再完成一个十分钟的任务——也就是总共要做20分钟——他们就可以再选一件奖品。

但受试者不知道的是，他们被随机分成了两组，这两组人拿到的任务说明中，有一条关键信息不一样。第一组看到的是，如果他们完成了那项额外的工作，第二件奖品可以从任意一个盒子里选取。而第二组看到的是，如果他们完成额外工作，两件奖品必须来自不同的盒子，因为盒子里装的奖品"类别不同"。

值得注意的是，虽然所有的受试者都能清楚地看到，两个盒子里装的同样都是混着放的小物件，但第二组中愿意完成额外任务的人数是第一组的三倍。或许更让人惊讶的是，知道自己可以从两类奖品中选择的人，从写作任务中得到的乐趣显然比另一组高。

那么，既然奖品的数量和价值明明都是一样的，为什么"从两类奖品里选"比"只从一个类别里选"更能激励人？为什么这些人会感到更开心？

根据维尔特慕斯和吉诺的看法，把奖品分成两个类别（虽然这分类毫无意义），这让人们感到，要是不完成那个额外任务，就会"失去"某种东西。因此，当你使用奖品或激励手段来促使他人完成任务的时候，应该把激励手段或奖品分为不同的类别。金钱成本并没有变，但此举提升了它们的“心理价值”——因为人们害怕失去。

任何一个对使用激励手段鼓舞他人的方法感兴趣或以此为职责的人，都能从上述研究中得到有用的启示。例如，如果一名销售经理想使用一个崭新的提成政策或奖金项目来激励下属好好干，那他可以把奖励分成两个类别，下属只有在赢得了第一类奖励之后，才能争取第二类。这不仅会激励员工们努力争取两类奖励，没准还能让他们工作得更开心。

这种重新分类的效应甚至还能帮助深陷财务困境的人。身负好几桩债务的人一般都会先把较小的债务偿还掉，这是可以理解的，因为这能让人产生成就感——朝着财务自由的目标又走近了几分。可是，这么做往往会让问题越来越严重，因为较大的债务利息也多，欠债总额会变得越来越重。银行和金融机构可以把较大的债务分拆成两个较小的部分，比如债务A和债务B，在金钱上这并没有减轻负债人的负担，但至少在心理上可以。这个小小的改变能让人把注意力集中在较大的债务上，因此减少了利息总额，帮了负债人一个大忙。

CHAPTER 46

退后一步看问题

当今的生活如此复杂，有些麻烦事非常棘手，就连最有阅历、经验最丰富的人也不大容易搞定。幸运的是——或者说不幸的是，看你从哪个角度看了——解决办公室里的棘手问题或搞定刺头客户的办法从来都不会远在天边。问题的答案就在你的同事身上，也就是那种特愿意向你传授智慧和经验的人。

可有些时候，诸如“睡一晚上，第二天再想吧”，还有“为什么不后退一步，站远一点儿看问题呢？”这样的建议，说话人的用意固然是好的，但这些话也反映出他们对你面临的困境缺乏深入的了解。这主要是因为，由于没有切身的利害关系，所以他们眼中的问题跟你看到的很不一样。可是，在你全盘无视他们的建议，认为那些话毫无帮助或是太过宽泛之前，或许你值得考虑一下：关于寻找解决方案，有科学的证据表明，有意识地与手头的问题保持距离，对于解决问题是很有帮助的。此处所说的距离，是实实在在的物理距离。

或许更引起人兴趣的是，研究发现，退后一步，保持实实在在的距离，不仅有助于解决问题和做决定，还能给予我们一种独特的说服力。例如，当你向潜在客户做演示或呈交提案的时候，尤其是在早期，请准客户在考虑你的产品或服务之前先后退一步，这会让他们更容易做出跟你合作的决定。

研究者马诺吉·托马斯（Manoj Thomas）和克莱尔·蔡（Claire Tsai）认为，人与问题之间的实体距离会影响他们对这个问题难易程度的印象。在一个实验中，受试者需要大声读出面前电脑屏幕上显示出来的单词。有时候，屏幕上显示出来的单词是研究者所谓的“拼写方式不规则的伪单词”，其实就是人为捏造的、拗口难念的假词的科学说法。比如meunstah这种。有些时候，需要受试者大声念出的伪单词看起来比较简单，念起来也容易，比如hension（汉森）。

有趣的是，就在一个难念的伪单词出现之前，工作人员指示一半受试者往前欠身，好拉近他们与伪单词之间的实体距离。而另一半受试者需要往后靠，把他们与伪单词之间的距离拉大。

最后，读完每个伪单词之后，受试者需要给这个词的发音难度打分。

结果显示，比起那些向前欠身的受试者，往后靠的受试者感到这些词更容易念出来。简言之，这个实验清楚地证明，当你面临一个棘手问题的时候，只需往后退一步，站远一点儿看问题，就能改变你对这个问题的难度的感知——你会觉得问题没那么棘手了。所以，下回当你不知道怎么解开那条数独问题，或是玩拼字游戏时拼命想把手头的几个字母组合成正确的单词时，往后退一步。这么一个小小的改变，或许就能产生显著的效果。

但是，如果你面临的问题不是念单词或拼字游戏呢？例如，假设你正在来回打量一件想买的东西。你和这件东西之间的距离远近，会影响你做出购买决定的难易程度吗？

为了回答这个问题，研究者又做了一系列实验。这一次，受试者需要对一些电子产品做出评估和选择，比如照相机和电脑。他们拿到了这些产品的功能对比资料。为了反映真实的生活场景，这些产品都非常相似，很难做出选择。

此外，工作人员清楚地告诉受试者，这些产品的价格基本上都一样，没有哪个更合算的问题。最后，研究者调整了受试者与产品之间的距离，一些人可以近距离地看产品，另一些人则离得比较远。

看完产品后，受试者需要马上做出选择：要么挑出最喜欢的并当场购买，要么就推迟决定，以后再说。

与念单词测试一致的是，实验结果清楚地显示，后退的受试者认为这个评估任务更容易些，因此，选择推迟决定的人数明显比另一组少。相比之下，那些近距离评估产品的受试者更有可能推迟购买决定。

总结起来，本章中的“四两拨千斤”的策略是：把人与选择之间的实体距离拉大，可以显著提高人做出购买决策的速度。换句话说，站远一点儿看，复杂纠结的产品选择的确会变得容易一点儿。

从这些发现中，我们可以学到一个虽小却非常重要的场景布置方法，当我们想要影响他人的决定时就可以用上。假设你正在向一位新客户推销业务，你们公司做的这个方案相对复杂，但从客观上来看，是所有可行方案中最好的。上述研究表明，客户观看这份提案的距离非常重要。你不仅需要认真考虑这次演示的内容，还要密切注意客户观看它的距离。这意味着，与其直接拿笔记本电脑演示给客户看（他们要离得很近才能看清），不如采用以下两个方法：用投影仪把方案投在比较大的屏幕上，就算观众只有一两个也没关系；买个大屏幕的笔记本电脑，把观众和屏幕之间的距离拉大。

同理，如果某节课的内容比较难（比如数学），老师可以把学生跟教材的距离拉远，好让孩子们感到课程的难度没有那么大。一个办法就是让学生站在白板或挂纸白板前解题，而不是坐在位子上面对着本子或教科书。这样一来，学生们比较方便后退一步看问题，不必往后靠到椅背上，或是从椅子上站起，干扰思路。

需要在推销过程中展示产品的零售店员工可以琢磨一下自己跟顾客之间的距离。例如，在电器商店里展示手机的推销员可以稍稍往后退一点儿，拉大自己跟顾客的距离——尤其是向不懂行的顾客展示相对复杂或科技成分较强的产品时。

总之，这些研究从某种程度上解释了，改变信息与观众的实体距离这么一个小小的举措，就能在很大程度上影响人们的感知和决策难度。

这些研究或许也从某种程度上解释了，当你为了一件棘手的公事烦恼不已的时候，为什么那个从远处探头过来瞧着你的电脑屏幕、自命不凡的同事，总是以为他能更快地找出解决方法。

CHAPTER 47

从他人的错误中汲取教训

那些能把坏事变好事的逆转高手令人肃然起敬。他们把酸涩难咽的柠檬变成清爽可口的柠檬汁，把不值钱的石头变成昂贵的黄金。如果“坏事”是某种形式的失败，最后却被转化为成功，这种成就给人的印象就愈发深刻。请注意，我们此处说的是把失败转化为成功，而不是经由坚持不懈、不断争取，或是“尝试、尝试、再尝试”的心态所带来的成功。我们的意思是，正是因为起初做错了，才有后来的成功结果。

扭转错误，让它开花结果，这样做的方法有很多。有些需要实打实地投入时间和资源，比如重新规划商业模型，弥补系统中的漏洞，寻找新方法绕过不曾预料到的障碍。这些都是大动作，往往也至关重要。但小事情也很重要。有一个化险为夷的简单方法容易得令人吃惊，你甚至不需要去琢磨自己从前犯过什么错误。相反，我们的建议是，做个小小的改变，去想想他人曾经犯过的错误。

查理·芒格（Charlie Munger）既聪明又睿智——

这些素质能给人带来巨大的回报。正是由于具备这些特点，他成了沃伦·巴菲特（Warren Buffett）在投资公司伯克希尔哈撒韦（Berkshire Hathaway）的合伙人与最信赖的顾问。这间公司自从在1964年创始以来，就取得了行业内前所未有的成功。有人曾经问芒格先生，他如何确保自己做出的每一个决定都是正确的。

他简短地答道："我会看一遍我的蠢事清单。"

芒格先生有一份蠢事清单……里面满是笨拙的摸索，以及相伴而来的失败。他没有遵循传统智慧，辨认并模仿那些导致商业成功的精明决策，比如畅销书《从优秀到卓越》（*Good to Great*）、《追求卓越》（*In Search of Excellence*）和《基业长青》（*Made to Last*）里逐年记录的那样，而是把时间花在了辨认并避免他人做出的、导致商业失败的愚蠢决策上。

那么，为什么一个表面上看起来很小的举动，竟能产生巨大的收效？这不仅对于芒格先生和伯克希尔哈撒韦来说是这样，对你也同样适用。

其中一个原因是，大规模的成功极少能归结为某个单一的因素。伟大成功的基石一般都是由无数个精心设计、相互交织的因素构成的。因此，要把这些都复制下来，或是挑选出最具决定性的那一个，必然非常困难。但错误就不是这样。一个错误——无论是由于缺乏必需的知识，还是对自己的能力过于自信，或是对盈利前景抱有幼稚的期望——能把一切摧垮。因此，以下做法是有道理的：不但要做一份属于你自己的"蠢事清单"，把他人犯过的商业错误记录下来，你还应该在一碰到要做重要决策的时候，就去把它看一遍。当然，把胜利的丰功伟绩记录下来多半也会有用，这是不用说的，但是，这种清单基本上没有扭转乾坤的作用。

列蠢事清单的第二个原因是，尽管我们都被洗了脑，都相信积极正面的信息总是比消极负面的好，可这事并不是真的。实际上，经过一番相关研究的广泛分析，令人尊敬的学者罗伊·鲍迈斯特（Roy Baumeister）和同事们总结出："与正面信息相比，人们更容易注意到负面信息，也更有可能从中汲取经验教训或运用这些信息。"

但事情还不止于此：负面信息也更容易被人记住，在决策中占的比例也更高。因此，如果你想建一个经验的素材库，让它吸引你和团队成员的注意力，更容易从中汲取经验教训，让大家牢牢记住，并且提供能促使人采取行动的、建设性的忠告，那你就应该整理出一份查理·芒格那样的清单，而不是把令你最为自豪的好方法列出来。

列出他人的错误做法并从中学习，还有第三个好处。因为这份清单里记的都是别人犯过的错，你更容易看出毛病在哪儿。如果这些错误是你犯的，你就得费力地跟一个念头对抗（往往还会败下阵来）：你很想说服自己，这些压根就不是错误，只不过是运气不好，或是时机不对，害得你没法掌控而已。但别人的错误跟你无关，你不会被自我辩护蒙蔽了双眼，因此它是一个非常有效的、对你很有好处的学习工具。这对团队成员也有好处。也就是说，精明的领导者会引导大家从他人的错误（而不是自己团队的）中汲取教训，以改进日后的行为，这样做还可以避免团队成员因挨批评而心生怨恨。

顺便说一句，罗列他人错误的好处不只适用于商界。老师们可以把往届学生犯的错误整理成一份"避免犯错"的清单，给现在的学生参考。医生可以隐晦地提到以前一两个患者做错了什么，结果导致病情加重，借此来确保现在的患者不再犯同样的错误。健身教练可以向新客户指出别人在使用健身器械时犯过的错，来保证新客户不会重蹈覆辙，让他们从健身训练中获得最好的收效。

吉姆·柯林斯（Jim Collins）是一位极有天赋的作者，他写出了《从优秀到卓越》和《基业长青》这样的畅销商业书。这些书描述的是因做对某些事而取得另人瞩目的商业成就的例子。他认为，研习这类信息能帮助你取得成功。查理·芒格的名声与他不相上下，他的聪明睿智，在财务方面的精明决断都广为人知。可是，他却建议人们做一份别人的错误清单——而不是正确清单——并且定期从中学习。

这两位都是杰出的商业思想家，可他们给出的建议好像完全相反。有没有把它们协调起来的办法呢？或许有的。值得一提的是，柯林斯把一些较新的建议写入了《再造卓越》（*How the Mighty Fall*）中，其中一些特别指明了导致企业倒闭的某些主要原因，例如不肯冒险、毫无根据的轻率行动、缺乏知识等。我们敢打赌，查理·芒格的“蠢事清单”上肯定包括这些条目。看起来，这两人的某些观点其实是一致的：**能帮你在商界里做对事的一个小举措，就是列一张“别人做过的错事”清单。**关键的第一步就是做一张这样的单子，经常去参考它，每当你需要做出重大决定时，有系统有组织地运用它。这就是一个能带来大收效的小改变。

当然，如果你没有使用这条“四两拨千斤”的策略，忽视了对“记录错误的价值”的持续不断的研究结果与明智建议，那么这个错误本身就应该列入你的错误清单中。

CHAPTER 48

对错误进行管理

在上一章里，我们探讨了如何从他人的错误中获得益处。而这一章的主题是如何从自己的错误中获益。

研究寿命的学者已经发现，如果能以建设性的方法去对待人生中的挫折、失去，或艰难困苦，人们得到的就不是悲观、消沉和踌躇，而是乐观、健康和自信的心态。可是，这个规律也适用于工作吗？换句话说，如果采取一些不同的做法，让你的公司不再对犯错进行惩罚，而是积极地管理错误和失败，这能否显著提升公司的盈利能力，让公司取得更大的成功呢？

从“错误管理”培训（Error Management Training，简称EMT）中不断涌现出的证据表明，这的确是可以做到的。当然，关键的一点就是“以建设性的方法”。如果你能够以建设性的方法对待过往的错误，就能获得两个重要的回报：这些错误不仅能帮你在将来做得更好，甚至还能增强你的影响力。

传统的培训方法一般会引导学员从正确的做法中学习，培训老师希望学员消灭错误，而且也会着重强调这一点。这些传统做法看似有道理，因为错误会妨碍工作流程，改起来也很费时间，而且它不但会挫伤学员的积极性，也会让培训师很沮丧。学员会变得不自信，培训师也会怀疑他们的能力。可是，在分析了24个独立的研究之后，组织科学家妮娜·基思（Nina Keith）和迈克尔·弗里斯（Michael Frese）发现，尽管对错误进行管理的学习模式彻底背离了避免错误的传统学习方式，但它的效果要好得多。

“错误管理”培训有两个必备的要素。第一个是督促学员积极地投入到看似“要学的内容”中去，主动摸索，这样做的用意就是让他们犯错，让他们知道错误可能会出现在什么地方，又是怎样发生的。第二个要素就是培训师要指导学员如何用最好的方式去面对错误，让学员们知道，一旦错误出现，哪种心态是最好的。这些指导中有一点特别重要，那就是培训师给出反馈的方式。把反馈方法做一些小小的调整，比如改用这样的说法：“犯错是很自然的，这是学习过程的一部分”“犯的错越多，学到的东西就越多”“错误会告诉你，你还有哪些东西要学”，这些反馈方式极其重要，会让结果大为不同，这是因为，如果没有这些点拨，人们多半会把错误看作失败，而不是指向成功的路标。这种指导和培训对塑造成功的企业文化是如此重要，难怪世界上最富创新精神的公司之一IDEO会把下面这句话当作箴言：“为了尽早成功，多犯点儿错吧。”

可是，如果学习的目标变了呢？如果目标不再是积极主动地为工作负责，而是如何把工作做得更好，那这种培训该怎么做？在这种情况下，“错误管理”培训的第一个要素——积极摸索，寻找犯错的机会——肯定不是办法了，面对真实世界中的顾客、同事和上司，肯定不能这么做。可是，它的第二个要素，也就是把错误看作学习机会，带着积极的心态做出反应，依然对工作很有帮助。此处给出的建议是，不要扮演到处纠错的猎人了，让自己变成一个善于利用错误的“机会主义者”吧。善于利用错误的机会主义者会从每一个无心之过里赚到好处——这种人会从错误中学习，而且他们知道，从长远看，无论是个人还是组织都会从中获益。根据弗里斯教授引用的统计数据，这样的收益还真不小。与不善于管理错误的企业相比，有着强有力的“错误管理”文化的企业，成为行业中利润最高企业的可能性是前者的4倍。

原来，如果管理者采取了必要的步骤，在企业内建立起“做个善于利用错误的机会主义者”的文化，而不是鼓励人人都去纠错的话，那他还能在其他方面得到益处。不久之前，我们的一位同事布赖恩·埃亨（Brian Ahern）给我们发来了一篇刊登在某销售杂志上的文章，写的是一家全球连锁酒店的首席执行官在看过耗费巨资的“无缝顾客体验计划”的总结报告后大吃一惊。满意度和忠诚度最高的顾客并不是那些享受到“无缝服务”的客人，而是遇到了服务问题却被酒店员工立即改正错误，为他们进行了相关处理的客人。对这件事的理解有多种角度。比如说，原因可能是，知道这家酒店可以高效率地纠正错误之后，客人就会更加放心——万一以后遇见了问题，肯定也能很快解决，于是他们就对酒店产生了更为积极正面的印象。我们不怀疑这种可能性，但我们有种感觉——另外一个因素也在起作用。对问题的补救措施可能会被顾客认为是“得到了特别的协助”，酒店宁可费时费力也要特地为客人这样做。根据互惠原理，酒店理当获得特别的回报，因此客人在满意度和忠诚度评分上打了极高的分数。

在一次商务会议上，本书作者之一听到了一个支持这个互惠理论的证据。举行会议的这家度假酒店的总经理提到了当天偶然发生的一件事：一位客人想带两个年幼的孩子打网球，可酒店预备的两个儿童球拍当时已经有人用了。于是，这位总经理派一个员工立马开车到附近的体育用品商店去新买了一副，在20分钟内就送到了客人手上。事后，这位母亲找到总经理的办公室，对他说："因为你刚才所做的，我已经把我们一大家子人的国庆周末假期安排在这儿了。"

这不是很有意思吗？要是酒店原先就多预备了一副儿童球拍——为了给客人提供"无缝体验"——那么，顾客就不会认为这对球拍是一份感人的礼物，也就不会相应地产生这份特别的感激之情并提升对酒店的忠诚度了。事实上，这位妈妈大概根本不会认为少了球拍是酒店服务不周。

这对你有什么启发？是不是应该故意在冰面上制造几处薄薄的地方，等着客户或同事掉进去，你好及时出手相救？绝对不是。这最终会给人留下一种印象——跟你打交道时总有几分被人搭救的味道。更好的做法是，你只需认识到，人们的期望往往是过高的，而且现代的商业环境过于复杂，不可能有零错误的情况，无心之过总会出现。关键是要明白，如果把资源用于追求"一个岔子也不许出"的乌托邦式目标，工作效率必然会降低，成本也会高昂得多，倒还不如把资源用在"迅速解决问题、纠正错误"的目标上，获得更高的顾客满意度。

我们绝不是说质量控制不重要。但是，追求完美的绩效必定是徒劳无功的，因为每个人对"完美"的看法都不一样，你没法事先安排好。况且人人都会犯错。从另一方面来说，你可以用个性化的方式来纠正错误，充分贴合对方的需求，把纠正错误变成一次令人满意的体验，从而获得一个人人都满意的结果。

看来，正是对错误的独特又量身定制的反应，让受众获得了一种收到个性化礼物或定制式服务般的体验，这反而能让犯错的人因祸得福，拥有更强大的影响力。

简而言之，在商界，“零错误”反倒不如“及时改正错误”好。

CHAPTER

49

当天就点评

2013年10月，台湾公平贸易委员会（Fair Trade Commission）对三星公司（Samsung Corporation）处以1 000万新台币（约合三十五万美元）的罚款，惩处该公司雇佣他人在社交媒体和网络上发表评论，攻击老对手HTC并推荐自家产品的行为[1]。

这个案子引起了很大关注，主要是因为如今人们在做决定时都特别倚重网上的评论，这已是毋庸置疑的事实。例如，PSB调研（Penn Schoen Berland）主持的研究发现，七成美国人在做出购买决定之前，都会到网上去查查产品评论和用户评分。难怪台湾的公平贸易委员会立即针对三星公司采取了行动。你还记得第四十七章的内容吧，学者罗伊·鲍迈斯特和同事发现，“与正面信息相比，人们更容易注意到负面信息，也更有可能从中汲取经验教训或运用这些信息。”

1　假借草根团体之名，发表恶意评论的做法被称作“人造草皮法”，“人造草皮”指的是20世纪80年代时运动场上普遍使用的假草皮。

放到网络世界中来看，这种对负面信息的偏好对那种仰仗客户评论来推广产品的个人或企业提出了严峻挑战。如果潜在客户认为正面评价不如负面的有价值，那企业该怎么做才能让人们正视网络上正面评价的价值，从而不必采取阴险的手段，比如贴出捏造的虚假评论来抹黑对手呢？

还真有一个我们特别推荐的做法。你大概也猜到了，这个做法很小，却非常有用。

营销研究专家佐伊·陈（Zoey Chen）和尼古拉斯·卢里（Nicholas Lurie）假设，如果发表正面评论的人如实指出，这篇评论写的就是当天的体验（例如，在评论一家餐厅时使用这样的措辞“我刚从那儿回来”，或是“我们俩今天刚去这家吃的饭”），那么人们就会认为，这条积极正面的网评与负面评论同样有价值。

一个可能的原因是，发表负面评论的人基本上都是真的遇上了糟糕的体验，这是很显然的。可是，如果发表正面评论的人指出，这次体验就是当天发生的事，那么读者就更有可能认为这条正面评论是发自内心的，而不是出自其他缘由，比如向全世界宣称他们在选择吃饭和旅行方面有好品位。

为了验证这个假设，这些研究人员在Yelp.com（大众点评网）上选取了分布在美国5个大城市的若干个人气餐厅，收集了网友的65 000条点评。过去3年来，他们浏览了将近100家餐馆的评论。针对每条点评，他们统计了有多少读者认为该评论“有用”、评论者给这家餐厅评了几颗星（5星是最高分），最后是评论中是否出现了能表明吃饭当天发出该评论的措辞。

他们的发现有趣极了。当评论中没有时间线索时，读者们会认为负面评论比正面评论更有用。然而，当有明确的词语指出，这条正面评论就写于吃饭当天的时候，读者就认为这条评论至少跟负面评论一样有用。

在另一项独立的研究中，受试者被随机分配到4个小组，任务是选出一家晚餐时要去的餐厅。4个小组的受试者都拿到了一份对“乔家小馆”的点评，其中两组看到的点评要么是正面的，要么是负面的，另外两组也是如此，但他们拿到的点评里明确指出这是就餐当天写成的。此外，4个小组又都看了一份关于“迈克餐厅”的中立食评，然后选出自己想去的那一家，或是一个都不选。

结果与大众点评网的实验是一致的：当评论既是积极正面，又是就餐当天写成的时候，受试者选择“乔家小馆”的意愿显著地升高了。实际上，拿到这份当天写成的正面评论的受试者，百分之百的人都选择了它。

如果正面评论的撰写时间真的能提升它的价值，那么营销人员可以做的一个虽小却很重要的改变就是鼓励消费者在购买之后立即发表评论，而且要在文中明确指出，消费就发生在点评当天。许多餐馆会在结账小票上印上网址，鼓励食客点评。这个研究建议，餐馆可以把平常的措辞改一改，从常见的“如果您喜欢我们家的菜品，请到Yelp（大众点评）或TripAdvisor（猫途鹰）上发表点评”，改成不常见的“如果您喜欢我们家的菜品，请到Yelp或TripAdvisor上发表点评，并且要说您是今天刚来过！”这个小改动会带来大回报。

网上零售商的技术人员应当在页面上添加一个链接，每当顾客下完单之后，就邀请他们去点评一下刚才的购物体验。页面上还可以加一个弹出窗口来提醒顾客，如果他们指明购买就发生在几分钟之前，他们的评论会得到更多的“赞”。

在网上发表书评的人也应该认识到指明购买时间的益处。这不仅对作者有好处，对他们自己也有好处——网友们会更有可能认同他们的推荐。在这种情况下，书评人不用再花其他心思，只需决定自己想夸哪一本书就可以了。

嗨！我们想到了一本不错的书哟！

CHAPTER

50

给邮件加点儿料，让谈判更顺畅

被观众昵称为“丹麦喜剧王子”的维克多·博奇（Victor Borge）是一位备受喜爱的丹麦裔美国艺人、幽默演员和钢琴家。他的一句名言是：“笑声是人与人之间最短的距离。”

笑声能让人们亲近起来，成为朋友。而且，根据一组说服科学家的研究，如果为网上谈判增添点儿笑声，它还能帮你挣钱呢。

在这个日益全球化的经济环境中，约有8.5亿个企业邮箱账户平均每天收发110封电子邮件，这些邮件不仅是日常的信息交换而已，如今许多企业都把电邮当作主要的工作工具，解决颇为复杂的交易问题。比如说谈判吧。如果谈判双方离得很远，那电子邮件就成了好用又高效的沟通工具，供应商可以接触更多的潜在客户，顾客也可以联系大批的供应商。

许多情况下，电子邮件是正式谈判开始前的过滤工具，效果好，成本又低。例如，买家可以先给几个供应商发出电邮，沟通一番之后，再决定是否需要打电话、开视频会议，或是用Skype（一款即时通讯软件）或FaceTime（视频通话服务）这样的通讯工具来交流。最后（未必能确保走到这个阶段），双方可能会决定见面，正式开始谈判。

所以，既然电子邮件的应用如此普遍，你该如何运用它来提升谈判双方的信任程度？毕竟，在成功的商业交易中，信任是个非常重要的因素。

在一系列出色的研究中，泰瑞·库尔茨伯格（Terri Kurtzberg）和同事查尔斯·纳奎因（Charles E. Naquin）、里乌巴·贝尔金（Liuba Belkin）想要弄清楚，在使用电子邮件进行业务交流和谈判的初期，幽默扮演了怎样的角色。他们要观察幽默会不会对谈判双方的信任构建产生实质影响，是否能影响到双方获得的商业结果。

实验中，库尔茨伯格和同事们找来几批商界人士，通过电子邮件就一个相当复杂的合同展开谈判。一半受试者被告知，只需开门见山谈生意即可，然后他们与谈判对手结成对子，开始执行任务。而另一半受试者得到指导，要先在电邮里附上一则斯科特·亚当斯（Scott Adams）的“呆伯特”（Dilbert）搞砸谈判的小漫画：呆伯特先是在对方还没开价时就打算接受条件了，然后（同样是在没开价的情况下），他拐弯抹角地提到另一方“更好”的备选提议。为了测试这个漫画既能惹人发笑，又没有冒犯的意思，研究者们事先请另一组商界人士做了评估。（结果是两个条件都满足。）

研究者猜想，在谈判开始之前给对方发个漫画，应该能够提高双方的信任度，最终导致更好的谈判结果。他们想得没错。先给对方发出漫画的那一组果然赢得了更高的信任，谈判成果因此提升了15%。对于这么小的改变，这样的收效可谓是相当不错了。

到目前为止，一切顺利。但是，当谈判的灵活性受到限制的时候，这个规律还适用吗？许多组织机构为了减少谈判结果的变数，会制定价格规则，或是限制谈判条件，比如信用期限和送货时间等。在这种情况下，在谈判刚开始的时候发一张幽默漫画是否还能影响谈判结果？

研究者对这个问题做了测试。结果，与没有收到漫画的谈判方相比，收到漫画的更愿意先提出符合限制条款的开价，其概率是前者的两倍还多。简而言之，就是这么一个简单的、微小的改变，就让谈判变得更有效率，也提升了双方的信任度。

启示是显而易见的。在时间不够用的时候，若是纯粹为了在越来越长的待办事项清单上划掉一项，人们很容易就飞快地发出一封简短生硬的电子邮件。但这项研究告诉我们，要是这么做的话，特别是在谈判的初期，就有可能犯下代价昂贵的错误。

相应地，哪怕只多花一分钟，给你的邮件里添上几分人情味儿，也是很重要的。研究人员建议："知道'对方'是个有血有肉的人，而不只是一串电子邮件地址，就能在谈判双方之间营造出信任和和睦的氛围，并因此得到更好的结果。"事实上，库尔茨伯格和另外几名研究者所做的附加研究表明，在网上谈判的初期，为了跟"对方"建立良好的关系，主动地透露一点儿自己的个人信息，不但能够减少后续谈判中的僵局，还能让双方都能取得更好的结果。

当然，我们不是说，为了提高电子邮件的响应概率，你就写上一大通私密得足以惹上风险的个人信息（或是把收信人吓得魂儿都飞了）。但是，略略提一提你之前的工作经历，或是透露一点儿你的兴趣爱好都是可以的。在网络上跟人建立关系的时候，这种小改变或许就能带来显著的收效。

也要注意的是，单是发一幅滑稽漫画还不够。上述研究中使用的漫画不单是因为它逗乐，也因为它完全符合双方要做的事——谈判。因此，当你想把笑声作为策略的时候，你不仅要考虑要用的素材有多幽默，还要想想它跟你们要讨论的主题或事件是否契合。还要记住，有时候不写电子邮件也是个高效率的办法——代之以友好的面谈，或是干脆打个电话。

在这个高度竞争的市场上，企业在寻找一切可行的、成本低廉的、能够提升响应率和积极性的方法，此时，维克多·博奇（Victor Borge）的话可谓一语中的。跟各色人等沟通的时候，有时两个人之间最近的距离的确是笑声，不单在网上如此，面对面的时候也是这样。例如，从卡伦·奥奎因（Karen O'Quinn）和乔尔·阿罗诺夫（Joel Aronoff）所做的研究发现，当对方用幽默的方式提要求的时候（“那好吧，我最终能接受的价钱是__美元了，这可是把我的宠物蛤蟆都搭进去了。”），谈判者更容易在价格上让步。但是，如果你不愿意为了谈成一笔生意就跟心爱的小蛤蟆分开，那就把心爱的呆伯特漫画搭进去吧。

C H A P T E R

51

碰触的魔力

希腊神话里说，酒神狄俄尼索斯（Dionysus）为了报答迈达斯国王（King Midas）善待他的朋友，就让迈达斯自己挑一件谢礼。迈达斯希望拥有点金的本领，能把碰触到的一切都变成金子。狄俄尼索斯立即满足了他的愿望。当然，我们都知道这是神话故事，物品不会因为被谁碰了一下就变成金子。

万一可以呢？

专门研究消费者的琼·派克（Joann Peck）和苏珊娜·舒认为，虽然物品不会因为被人摸一下就变成金子，但在人们的感觉中，它的价值会大大提升。虽然从直觉上说，这个观点好像不太成立，毕竟，有多少零售商家都不愿意让顾客摸他们的产品，所以才会有“请勿触摸”或是“只许看不许摸”的标牌。派克和舒猜想，触摸物品会让人与物品之间产生情感联结。研究者在《星际迷航》（*Star Trek*）中找到了知己——让－卢克·皮卡德舰长（Captain Jean-Luc Picard）也是这么想的：

让-卢克·皮卡德舰长：这是我儿时的梦想……我

在史密森尼博物馆里把这艘飞船看了上百次，可我从来没能摸摸它。

德尔塔上校（Lieutenant Commander Data）：真的摸到之后，感觉有什么不一样吗，先生？

让－卢克·皮卡德舰长：噢，当然不一样！对人类来说，碰触能让人跟物件之间产生十分亲密的情感。［摘自《星际迷航：第一次接触》（*Star Trek: First Contact*）］

在专门检验这个想法的实验中，受试者充当潜在顾客，面对两个产品：一只咖啡杯，一个彩虹圈玩具（Slinky Toy）。一半受试者被明确告知，可以触摸这两样产品，感受它们的质感。另一半受试者被明确告知，不可以触摸它们。感受过产品后，每一名受试者按照认同程度为下面的句子打分："我觉得这就是我的彩虹圈/马克杯""我觉得这个彩虹圈/马克杯特别像是我的东西"还有"我觉得我拥有这个彩虹圈/马克杯"。受试者还需要对这两样产品的价值做出评估。

实验结果清楚地显示，可以摸到产品的受试者对产品拥有更加积极正面的情感反应，触摸导致了更强烈的拥有感。更强的好感和拥有感提升了马克杯和彩虹圈在这些受试者心中的价值——基本上比不许碰产品的那组受试者高出三分之一。对这个小小的改变来说——只需让人触摸一下你的产品——这样的收效可谓非常明显了。有趣的是，研究者们也发现，在卖家身上也存在类似的模式：受试者充当卖家销售产品的时候，能够摸到产品的卖家开出的价格就比那些摸不到产品的人高。

这项研究之所以重要是有许多原因的。身为消费者，我们应该理解并能够看出哪些因素会影响我们的判断和决策。当零售商家请我们拿起产品摸一摸的时候，它在我们心目中的价值会自动升高。

同样，卖家也可以使用这个四两拨千斤的策略，允许潜在顾客触摸待售商品，让他们对这样东西产生亲近的感觉。例如，Paper Mate（比百美）牌的笔在包装上留有开口，就是为了让消费者能摸到它，感觉一下。这不但能让潜在顾客体会到笔的质感，还能提升它的价值感。

超市和食品店也能从这个提升价值感的触摸策略中获益。有些店铺出于卫生方面的考虑，不愿意让顾客触摸未经包装的散装产品，比如水果、蔬菜、烘焙食品等，这很容易理解。但是，反正他们都得把一定量的破损货品处理掉，所以他们或许应该开设一个“触摸体验区”，主动鼓励顾客把东西拿起来看看，没准还能挣到更多的利润。

除了适用于卖笔、桃子和裸麦面包之外，这个微妙却很有说服力的触摸策略还能提升打印材料的价值。当你需要把报告交给经理，或是把提案发给潜在客户的时候，换个做法试试看：把它打印出来再交出去，别发电子版。演讲人、工作坊主持人、公司培训师不要把资料放在学员桌子上，而是应该趁他们走进房间的时候亲手分发。为了提升会议赞助商提供的小礼品的价值感，会议和活动的组织者可以事先选出一个不错的、合适的时机把它从袋子里掏出来，亲自递给参会人，这样做不仅可以提升它的价值感，也会避免这个小礼物一直被遗忘在袋子底部，无人问津。

但是，如果在购买之前没法触摸到商品呢？如今越来越多的人开始在网上买东西，所以可能有许多潜在顾客在收到货品之前不可能有触摸的机会。这是不是意味着，除非谷歌发明出一个星际迷航式的传送机，通过网线就能让顾客在下单前摸到实物，不然你就得放弃这个策略？

还真不是。

派克和舒在研究中发现，当产品无法被人摸到的时候，另一个截然不同的“四两拨千斤”策略也很有用：只需请顾客在头脑里想象一下摸到它的感觉，就足以强化拥有感，从而提升它的价值。

不过，有个例外情况可一定要注意。根据派克和舒的说法，只有当你的产品摸起来比较舒服或不让人感觉难受的时候，才能让顾客去摸。

卖豪猪的请切记！

CHAPTER

52

把最好的留到最后

第一印象非常重要。但任何一个当红明星或电影导演都会告诉你，结尾也很重要。谈话结束时、生意谈成时，甚至是假期的最后一天——如果你能用心对待这些时刻，或是对它们做出微妙的调整，结果就会大不相同，比如顾客的满意度会增高，客户成了忠心耿耿的回头客，或者你在下一次度假时会玩得更加开心。

想象如下的场景：你刚去见过医生，做了一次例行的、但很不舒服的诊疗，离开问诊室的时候，有人问你感觉有多疼，你对下一次检查的期盼程度又有多少。作为对比，现在咱们换一个愉快得多的场景：你刚度完假回来，有人问你有多么开心，又有多么期待下一次的旅程。

在许多不同的研究中，受试者都被问到过这个问题。如果你和他们中的绝大多数人一样，那你的回答基本上取决于两件事：体验中的巅峰时刻——检查身体时最疼的那一刻，或是度假时最开心的（希望如此）那段时间，还有就是在体验结束时的感受。率先研究这种现象的学者把它命名为“峰—终体验”（peak-end effect）。

令人惊讶的是，你在其他时段的感受起到的作用比你预想的少得多。而且，你对体验的总体评价还会受到“时长忽视”（duration neglect）现象的影响。这个词的意思是，你不大会注意到某段体验持续了多久，某些情况下，你甚至完全注意不到它的时长。

诺贝尔奖获得者丹尼尔·卡尼曼（Daniel Kahneman）和医学博士唐纳德·雷德米尔（Donald Redelmeier）做了一个经典的实验，他们以非常巧妙的方法证明，患者在经历了一次十分难受的诊疗程序（结肠镜检查）之后，更容易记住的痛苦时刻是最不舒服的那一刻。

歌星总是把最受欢迎的歌曲放在演唱会结束时，就是因为这个峰—终体验。这个效应也能解释，为什么在用餐结束时，服务生的粗鲁态度会把原本十分开心的就餐体验整个儿毁掉。还记得上礼拜那次无聊得要死的会议吗？当时你觉得它好像永远也不会结束？现在想来，它好像也没那么长，对吧？这就是“时长忽视”在起作用。

鉴于我们对某次体验的记忆会受到“峰—终体验”的影响，而且体验时长起到的作用不大，因此，在我们对这段体验形成感受和印象的时候，记忆就像一个不那么完美的向导。但是，不管这个向导有多么不完美，它依然会对我们将来的决定造成巨大影响。因此，如果你想跟他人建立更密切的合作关系，希望客户变得更加忠诚，或是只不过是想获得更好的反馈，虽然自始至终你都应当认真对待这段体验，但你尤其应该做的，是做一些小小的改变，把巅峰时刻的体验尽量放大（或是把低谷尽量抹平），并且把结尾时的事情认真做好。

很多人都爱吃巧克力，并认为瑞士出产的巧克力是世界上最好的，所以，本书作者之一最近在乘坐该国的国家航空公司的航班时，很高兴地在登机时领到了一颗瑞士巧克力。这个小小的举动十分聪明，但我们想知道，如果在乘客们下飞机而不是上飞机时发巧克力，它的效果会不会更好呢。

同样，我们注意到有些酒店会给客人送上欢迎礼物，比如文具、名牌沐浴产品，还有一次送过高质量的开瓶器。跟这些礼物放在一起的往往还有值班经理亲手写的便签，预祝客人在酒店过得愉快。酒店管理人员可以琢磨一下这个“四两拨千斤”的策略：能不能在客人办理入住时送上个性化的欢迎便签，然后在他们结账退房时送上礼物呢，这样就能两全了。

网页设计者也可以运用“峰—终体验”，在网友离开网站时，弹出一个漂亮的图片，或是发一句致谢的话。或者在网上购物结束的时候，给顾客送上一份小惊喜，或是发一张下次可以使用的代金券。护士可以给孩子（我们觉得有些大人也需要）送一颗糖，或是一张小贴纸，奖励他们在种疫苗的时候表现得很勇敢。当然，许多诊所和医疗机构已经这样做了——尽管他们可能并没意识到背后的原理。

关注人们在体验结束时的感受，这不仅适用于像旅行和酒店这种十分明显的交易过程，公共部门也可以借鉴这个方法。例如，当患者刚刚做了一次非常满意（也很昂贵）的治疗，离开医院的时候，他的良好感觉有可能会被最后一个环节破坏掉——停车的费用特别贵。

如果医院能把停车费免掉，甚至是少收点儿也好，那么患者在离开医院时的最终印象就会是积极正面的，当他们向朋友和邻居谈起这次就诊经历的时候，莫大的好处就显示出来了。一个更有争议的看法是，如果在刑期就快要结束的那些日子里，犯人的体验是整个服刑期间最难熬的（而不是像常见情况那样，是最容易过的），那么他们再次犯罪的可能性就有可能降低。

由于“时长忽略”现象往往会对人的记忆造成很大影响，销售员和营销人员可以把惯常的方法改一改：在说服顾客放弃原本使用的产品，选择另一种替代品的时候，在指出原先那个产品会给人带来的具体麻烦时，与其把重点放在“有问题的产品浪费了您许多时间”上，不如去强调它给客户带来的不便和痛苦有多么严重。

明白了“峰—终体验”会如何影响我们对自己的体验的评估，我们就可以总结出一些“四两拨千斤”的方法。如果你希望在下次度假时带回精彩又开心的回忆，那么，与其把预算平均分配给一连串短途观光，还不如把钱花在两件特别有意思的事情上，而且其中要包括旅程末尾时的活动。与其在出行时把积攒的里程数用来升舱，还不如留到回程的时候再用，这样你会感到更加开心。

商业书的作者也可以用这种方法来提升好评率，让读者们更愿意在亚马逊网站上称赞这本书，也更愿意推荐给朋友和同事们看。方法就是格外重视书的结尾，确保给读者留下积极愉快的印象。行文至此，我们已经写到了五十二章的最后一段，但我们接下来要额外赠送你一章，跟你最爱的章节加在一块儿，你就能切身感受到“峰—终体验”的滋味啦。

额外附赠

我们写这本书的目的是给你提供一套能够“四两拨千斤”的工具，用来补充你的“说服力工具箱”。这些小小的改变都源自说服科学的最新研究成果，在说服他人和沟通的过程中，从商界人士到专业的医护人员，从政客到孩子家长，每个人都可以运用它们来获得显著的成效。

尽管这52个“四两拨千斤”的工具各不相同，比如背后的心理机制，或是最能发挥作用的情境都不一样，但它们在某些地方是共通的。当你在恰当的情境中，带着负责的心态使用它们的时候，每一条都能大大提升你的影响力。

当你用符合伦理的方式，在适合的情形下使用这些单个的策略时，你会得到显著的收效。但这就引发出一个疑问：要是把这些方法合在一起使用呢？比如要么按顺序出招，要么叠加起来？它们可以混用到什么程度？比方说，在影响他人的时候，是不是可以能用上多少，就用上多少，好进一步增强自己的说服力呢？

回答是确定的：不可以。你在修理家里的某个东西时，绝对不会把工具箱里的工具全都逐个用一遍吧。同样，如果同时使用了太多的说服工具，那你反而更难取得想要的成果。虽然有越来越多的证据表明，某些影响力策略组合起来使用效果很好，但也有证据表明，在某些情境下，不但它们会相互抵消，而且还会导致更糟糕的结果——还不如干脆一个都不用。

以下请看两方面的例证：

请回想第八章中我们的研究：医疗中心的管理者单是请患者们在挂上电话之前，把预约好的下次诊疗时间重复一下，相当于做出一个口头的许诺，爽约人数就减少了。在第二项研究中，我们请患者在提醒卡上自行填写下次问诊的细节信息，而不是让前台工作人员代劳，结果得到了更好的收效，爽约率降低了18%。我们还测试了另一个方法。在几个月的时间内，我们把候诊室里写着大量爽约人数的牌子换成了更大数字的社会证据：如约参加诊疗的人数。这三个“四两拨千斤”的方法合起来用之后，我们发现爽约的比率下降了31.4%。为了证明确实是这几个小小的改变加起来造成了这么显著的变化，而不是由于其他无关的原因，我们停止了干预手段，结果爽约人数出现了戏剧化的反弹。我们把这三个方法重新一起使用之后，爽约率平均又降低了30%左右。因此，这就说明，把几个小小的改变组合起来，的确会得到更加明显的收效。

到目前为止，组合使用的效果看起来不错。然而，在得意忘形之前，咱们要当心，因为事情并不总是如此。比如行为科学家保罗·多兰（Paul Dolan）和罗伯特·梅特卡夫（Robert Metcalfe）主持的一系列精彩研究。他们在实验中发现，把“您家比邻居家的能耗高”的具体情况告知住户，这个小小的改变就能带来显著的节能效果：后续几个月中，这些家庭的能耗平均下降了6%。

他们还发现，如果住户得知，只要把能源节省下来，就能得到100英镑（150美元）的奖金，那么节能的效果也不错。能耗下降的百分比跟上一个例子中差不多。

但是，如果把社会规范策略和刺激策略加在一起用，结果会怎样？幸运的是，研究人员考虑到了这个问题，他们在另一组住户那儿做了实验：这组住户知道了自己家的能耗比邻居多，而且，如果把它降下来，还能领取100英镑（150美元）的奖金。效果如何？

这个方法竟然完全没起作用！

乍一看，这根本说不通啊。在数学里，一加一等于二。可在这个研究里，一加一不但没有大于一，反而变成了零！简直白忙活一场。这就好比一个很有效的说服策略抵消了另一个同样有效的策略，结果还不如省省力气，什么都不做的好。

所以，这是怎么回事？为什么有些说服策略可以组合使用，取得了更好的效果，而有些放到一起就不行呢？

有三个可能的解释。

第一，这几条策略背后的心理动机互不相容。例如，在节约能源的例子中，个人获得好处［领取研究人员给的100英镑（150美元）奖金］的动机就与为了共同利益而做出牺牲（邻居们已经这样做了）的动机相冲突。因此，当这两个原本都很有说服力、却相互抵触的动机放在一起的时候，作用就相互抵消了。

因此，当你想把几个说服策略组合起来使用的时候，务必要确保它们的心理动机是相容的，这样就可以起到互补的作用。

第二个原因是，你一次使用的说服工具越多，对方就越不容易在第一时间积极响应。例如，你打算说服老板批准你今天早点儿下班，那么，比起一封洋洋洒洒写了六段、包含了几十条说服方法的请假邮件，只有一行字、只用了一个说服策略的电邮肯定效果更好。原因可能非常简单：她觉得自己没时间把较长的那封从头到尾看完。她可能会把它搁到一边等会儿再看，结果时间就拖晚了，或者她压根就把这事全忘了，因为她的邮箱里塞满了其他的紧急请求（而且那些邮件可能更加简明扼要）。同样，如果“家庭节能报告”（或是其他形式的直邮材料）写得十分冗长，包含了许多说服策略，那么居民们大概就懒得去看，或是“放到一边，以后再看”（其实是再也不会多看一眼了）。

为何有些说服策略不能组合使用的第三个原因是，方法用得越多，意图就越明显。有时候，当你把一堆不显眼的小策略放在一起的时候，那种不显山露水的微妙感觉就没有了，说服的意图变得更加露骨，对方就更容易拒绝你。

举个例子：丹尼尔·费勒（Daniel Feiler）、莉·托斯特（Leigh Tost）和亚当·格兰特做了一个研究，他们给一所大型公立大学的8 000名校友发了电子邮件，问他们是否愿意为母校捐款。有些人收到的请求是从“利己”的角度写的，“往届校友们表示，给予让他们感觉很好。”另一些人收到的请求是从“利他”的角度写的，“给予让你有机会改变学生和教职员工的人生”。最后一组人收到的捐款请求把利己和利他的两方面理由都包含在内。比起前两组只看到一个理由的受试者，最后这组人的捐款人数低了一半还多。

在上述研究人员做的另一个实验中，受试者拿到的请求是向许愿基金会（Make-A-Wish Foundation）捐款，三组人分别看到的是两条利己理由、两条利他理由、以及全部四条理由。再一次，看到四条理由的那组受试者捐款的意愿比另外两组低得多。后续的调查揭示出一个十分简单的原因：大家看得出来这些信息的用意——说服他们。看起来，在构思说服他人的措辞时，好像存在一个临界点。越过了这个点，多余的理由和论据反而会让人更容易抗拒，因此也就大幅削弱了说服的力度。

那么，最有说服力的理由数目应该是多少呢？

为了回答这个重要的问题，我们来看看行为科学家苏珊娜·舒和库尔特·卡尔森（Kurt Carlson）的研究。在他俩的研究中，受试者分成6个小组，阅读对5个目标对象的描述：早餐麦片、餐馆、洗发水、冰淇淋店，还有一位政治家。举个例子，洗发水的广告词是这么写的：

“假设你正在读一本心爱的杂志，一个新品牌的洗发水广告吸引了你的视线。你决定仔细读一下这则广告，看看是否有必要换用这个新产品。广告上说，这款新洗发水具备以下特点……”

省略处分别填写了一个、两个、三个、四个、五个、六个对这款洗发水的积极评价词语，例如，看到六个好评词语的受试者读到的是：它让秀发变得更加干净、强韧、健康、柔软、亮泽、丰盈。

在政治家的宣传词中，看到六个好评词语的受试者读到的是：诚实、正直、阅历丰富、聪慧、人际交往能力高超，以及为大众服务的强烈意愿。

受试者看完广告后，研究人员评估了他们对每个目标产品或目标人物的喜爱程度。研究人员还测试了受试者对广告词的怀疑程度，目的是找出从哪一点起，人们开始觉得广告里的话不是在告知信息，而是在怂恿购买。

结果清楚地表明，读到三个好评词语的受试者对目标对象（无论是早餐麦片还是政治家）的好感显著大于其余受试者。看来，如果好评词语的个数在三个以内，个数越多，说服力越大。但是，过了这个临界点，更多的说服动作反而会引起猜疑，继而导致对方抗拒整个说服行为。

因此，起码在这个例子中，若问“最能给人留下积极印象的理由个数应该是多少”，答案就是三个。

或者，就像舒和卡尔森的简洁论断，“事不过三”。

这些研究表明，就算你是本着绝对真诚的想法去综合运用这些策略的，大量使用说服方法会让对方“认为”你不够真心实意。

在影响他人的想法、感受和行为时，小改变之所以产生大影响，有一个非常基本的原因：因为它们很小。它们不起眼。它们极少引起人们的猜疑或注意。相反，它们静悄悄地改变了我们的决定，影响了我们的行为，我们几乎是自动自发地、下意识地跟着走了。让我们开心的是，在这个更大往往等于更好的世界里，我们不仅提供给你一整套符合伦理的影响力工具，而且这些工具看起来是如此微不足道，以至于人们几乎觉察不出来。从这个意义上说，在影响力的领域里，四两绝对可以拨动千斤。

若想与说服科学的最新研究保持同步，每月收到我们免费的“Inside Influence Report”（内部影响力报告），请访问：www.INFLUENCEATWORK.com。

THANKS 致谢

俗话说："养育一个孩子需集全村之力。"我们觉得写书也是这样，有太多人值得我们去感谢了。

身为研究影响理论与实践的作者，我们觉得自己非常幸运——身边有这么多兢兢业业、聪明睿智的学者，他们不知疲倦地钻研着与说服过程有关的知识，从中提炼出经验教训。我们想要感谢所有这些学者，尤其是被我们在这本书中引用了观点的那些人。

此外，我们还要感谢基思·安德森、苏拉吉·巴斯、鲁珀特·邓巴－里斯、保罗·多兰、伯尼·戈尔茨坦、詹姆斯·尼科尔斯，他们都对本书有所贡献。

在本书的写作过程中，我们幸运地得到了以下朋友的帮助，他们愿意审读此书的初稿，并针对如何应用书中的见解提出了宝贵的意见。感谢罗布·布莱基、娜塔莉·布瑞特、西恩·巴克兰、伊丽·康诺利、艾玛·罗斯·赫斯特、本杰明·考贝、格雷戈尔·麦克弗森、史蒂夫·芒德、约翰·文森特还有詹姆斯·韦斯特。

我们还要感谢INFLUENCE AT WORK影响力美国和英国办公室的全体人员，特别是艾莉·范德米尔和莎拉·托比特，还有纽约Business Plus/Grand Central Publishing商业出版集团和伦敦Profile Books资料书两家出版社的全体同人。特别要感谢我们的编辑里克·沃尔夫和丹尼尔·克鲁，他们的支持、鼓励和深刻洞见是无价之宝。

有三个人值得我们特别感谢。我们的调研员丹尼卡·贾尔斯不辞辛劳地一遍遍核对各种事实资料。谢谢你的支持和帮助，丹尼卡，你是我们的明星！

从一开始起，我们就与经纪人、来自莱文格林伯格的吉姆·莱文合作得非常愉快。吉姆，你和你的团队完美地体现出合作的精髓，太感谢你了！

还有波贝蒂·高登，她的深刻洞见、无穷的精力和干劲儿使她成为本书的幕后英雄。

最后，我们要感谢我们的挚爱和家人，感谢他们的支持和爱。